FamRZ-Buch **10**

Die

FamRZ-Bücher

werden herausgegeben von

Eva Becker
Prof. Dr. Dr. h.c. Peter Gottwald
Dr. Meo-Micaela Hahne
Prof. Dr. Dr. h.c. mult. Dieter Henrich
Prof. Dr. Dr. h.c. Dieter Schwab
Prof. Dr. Thomas Wagenitz

VERLAG ERNST UND WERNER GIESEKING, BIELEFELD

Internationales Scheidungsrecht

– einschließlich Scheidungsfolgen –

von

Prof. Dr. Dr. h.c. mult. *Dieter Henrich*,
Regensburg

4., völlig neu bearbeitete Auflage

2017
VERLAG ERNST UND WERNER GIESEKING, BIELEFELD

Bibliografische Information der Deutschen Nationalbibliothek

Die Deutsche Nationalbibliothek verzeichnet diese Publikation in der Deutschen Nationalbibliografie; detaillierte bibliografische Daten sind im Internet über http://dnb.d-nb.de abrufbar.

2017

© Verlag Ernst und Werner Gieseking GmbH, Bielefeld

Dieses Werk ist urheberrechtlich geschützt. Jede Verwertung, insbesondere die auch nur auszugsweise Vervielfältigung auf fotomechanischem oder elektronischem Wege sowie die Einstellung in Datenbanken oder die Aufnahme in Online-Dienste, ist nur insoweit zulässig, als sie das Urheberrechtsgesetz ausdrücklich gestattet, ansonsten nur und ausschließlich mit vorheriger Zustimmung des Verlages.

Alle Rechte bleiben vorbehalten.

Lektorat: Dr. iur. Jobst Conring

Satz: SATZstudio Josef Pieper, Bedburg-Hau

Gesamtherstellung: CPI books GmbH, Leck – Germany

ISBN 978-3-7694-1182-9

Vorwort

Am 31.12.2016 lebten 10.039.080 Ausländer in Deutschland, mehr als je zuvor, Angehörige aus mehr als 200 Ländern. Allein in den beiden vorangegangenen Jahren war ihre Zahl um 23% gestiegen. Wäre es in allen Fällen, in denen die deutschen Kollisionsnormen früher in personen-, familien- und erbrechtlichen Fragen das Heimatrecht der Betreffenden für anwendbar erklärten, bei dieser Anknüpfung geblieben, so stünden die deutschen Gerichte vor einer kaum zu bewältigenden Herausforderung. Bekanntlich ist es aber nicht bei der grundsätzlichen Anknüpfung an die Staatsangehörigkeit geblieben. Schritt für Schritt wurde sie durch die Anknüpfung an den gewöhnlichen Aufenthalt (oder die Ermöglichung einer Rechtswahl) ersetzt, zunächst für Unterhaltsansprüche und im Kindschaftsrecht, sodann aber auch im internationalen Ehe- und Erbrecht. Ausgenommen sind bisher noch das internationale Ehegüterrecht, das Eheschließungsrecht und das Recht der allgemeinen Ehewirkungen. Aber auch die Tage des Art. 15 EGBGB sind gezählt. Die Europäische Güterrechts-VO v. 24.6.2016 ist bereits in Kraft getreten und wird ab dem 29.1.2019 für alle Ehegatten gelten, die nach diesem Zeitpunkt die Ehe eingegangen sind. Diese Regelung wird unweigerlich eine Änderung auch des Art. 14 EGBGB nach sich ziehen, in Bälde wohl auch des Art. 7 EGBGB, was die Geschäftsfähigkeit angeht, möglicherweise auch eine Änderung des Art. 13 EGBGB.

In einer anderen Frage warten wir noch auf eine Entscheidung des EuGH zur Anerkennung ausländischer Privatscheidungen. In dem Vorlagebeschluss des OLG München v. 29.6.2016 ging es um die Anerkennung einer Privatscheidung in Syrien. Neuerdings steht aber auch die Anerkennung von Privatscheidungen aus Italien, Spanien und Frankreich in der Diskussion: Ehescheidungen nicht durch konstitutiven Akt eines Gerichts (vgl. dazu Band 18 der Beiträge zum europäischen Familien- und Erbrecht: Scheidung ohne Gericht?, 2017). Schließlich bleibt abzuwarten, ob es nach europäischen Vorbildern auch zu einer Verrechtlichung nichtehelicher (heterosexueller) Partnerschaften, zumindest zu einer Anerkennung von solchen im Ausland wirksam entstandener Beziehungen kommen wird. Es bleibt spannend!

Regensburg, im August 2017 *Dieter Henrich*

Inhaltsverzeichnis

Abkürzungsverzeichnis XI
Literaturverzeichnis XV

I. **Die Ehescheidung** 1
   1. Internationale Zuständigkeit 1
     a) Vorrang des EU-Rechts 1
       (1) Beide Ehegatten haben ihren gewöhnlichen Aufenthalt im Inland 2
       (2) Nur ein Ehegatte hat seinen gewöhnlichen Aufenthalt im Inland 3
       (3) Beide Ehegatten sind deutsche Staatsangehörige 3
     b) Internationale Zuständigkeit nach § 98 FamFG 4
   2. Bedeutung ausländischer Rechtshängigkeit 5
     a) Brüssel IIa-VO 5
     b) Nationales Recht 7
   3. Anerkennung ausländischer Ehescheidungen 9
     a) Anerkennung nach EU-Recht 9
     b) Anerkennung von Entscheidungen aus Drittstaaten 10
       (1) Anerkennungsmonopol der Landesjustizverwaltungen 10
       (2) Wirkung einer noch nicht anerkannten, aber anerkennungsbedürftigen ausländischen Ehescheidung .. 11
     c) Anerkennung von Privatscheidungen 13
     d) Anerkennungsvoraussetzungen 15
   4. Zustellung im Ausland 20
     a) Zustellung in den Mitgliedstaaten der Europäischen Union 20
     b) Zustellung in den Vertragsstaaten des HZÜ 21
     c) Zustellung nach dem Haager Übereinkommen über den Zivilprozess 22
     d) Zustellung in Staaten, mit denen keine völkerrechtlichen Vereinbarungen über die Zustellung bestehen 22
   5. Anwendbares Recht 22
     a) Materielles Recht 22
       (1) Von Art. 17 Abs. 1 EGBGB zur Rom III-VO 22

(2) Rechtswahl 24
(3) Anknüpfung in Ermangelung einer Rechtswahl 28
(4) Keine Rück- oder Weiterverweisung 32
(5) Inhaltskontrolle und ordre public 32
b) Verfahrensrecht 34

II. Unterhaltssachen: Zuständigkeit und anwendbares Recht .. 37
1. Internationale Zuständigkeit 37
   a) EuUntVO 37
   b) LugÜ 41
   c) Nationale Vorschriften 42
   d) Rechtshängigkeit im Ausland 43
   e) Durchsetzung von Unterhaltsansprüchen im Ausland ... 45
2. Anwendbares Recht – ehelicher und nachehelicher
   Unterhalt 46
   a) Allgemeines 46
   b) Regelanknüpfung 47
   c) Ausnahmen 48
      (1) Rechtswahl 49
      (2) Engere Beziehungen zu dem Recht eines anderen
          Staates 51
      (3) Vorrangige internationale Abkommen 52
   d) Unterhaltsbemessung 53
   e) Ordre public 56
   f) Währungs- und Transferprobleme 57
3. Qualifikationsprobleme 57
   a) Auskunftsanspruch 57
   b) Verfahrenskostenvorschuss 58
   c) Wohnung und Haushaltsgegenstände 59
   d) Ausgleichszahlungen 60
4. Kindesunterhalt 62
   a) Internationale Zuständigkeit 62
   b) Anwendbares Recht 62
   c) Vertretung des Kindes, Klageberechtigung, Fristen 65
   d) Unterhaltshöhe 65
5. Anerkennung, Vollstreckung und Abänderung ausländischer
   Unterhaltsentscheidungen 68
   a) Anerkennung nach der EuUntVO 68
      (1) Entscheidungen aus einem durch das UntProt gebun-
          denen Staat 68

(2) Entscheidungen aus einem nicht durch das UntProt gebundenen Staat (Dänemark, Vereinigtes Königreich) 69
(3) Übergangsbestimmungen 70
b) Anerkennung aufgrund völkerrechtlicher Vereinbarungen 70
c) Anerkennung nach den §§ 108, 109 FamFG 72
d) Anerkennung der Ehescheidung als Voraussetzung 76
e) Vollstreckung 77
f) Abänderung 79
6. Geltendmachung von Unterhaltsansprüchen im Ausland ... 81

III. **Die güterrechtliche Auseinandersetzung** 83
1. Die Regelung in Art. 15 EGBGB 83
   a) Anknüpfung kraft Gesetzes 83
      (1) Gemeinsame Staatsangehörigkeit 84
      (2) Gemeinsamer gewöhnlicher Aufenthalt 84
      (3) Engste Verbindung 85
      (4) Anknüpfung nach der EuGüVO 85
   b) Rechtswahl 86
   c) Rück- und Weiterverweisung 87
   d) Ausländische Grundstücke 89
2. Intertemporale Regelung (Art. 220 III EGBGB) 89
3. Internationale Zuständigkeit 93

IV. **Sonstiges Familienvermögensrecht** 95

V. **Versorgungsausgleich** 99
1. Die Regelung in Art. 17 III EGBGB 99
   a) Übersicht 99
   b) Durchführung des Versorgungsausgleichs von Amts wegen 99
   c) Durchführung des Versorgungsausgleichs auf Antrag ... 102
   d) Scheidung im Ausland 104
2. Internationale Zuständigkeit 105
3. Durchführung des Versorgungsausgleichs: Einzelfragen 106
   a) Durchführung, wenn Ansprüche gegenüber einem ausländischen Versorgungsträger bestehen 106
   b) Versorgungsausgleich bei Auslandsaufenthalt des ausgleichsberechtigten Ehegatten 107
   c) Härteklausel 108
4. Ausschluss des Versorgungsausgleichs 108

VI. Elterliche Sorge, Umgangsrecht 109
1. Internationale Zuständigkeit 109
2. Anwendbares Recht 116
3. Anerkennung, Vollstreckung und Abänderung 117
   a) Mitgliedstaaten der EU 118
   b) Vertragsstaaten des KSÜ 121
   c) Vertragsstaaten des Europäischen Sorgerechtsübereinkommens 122
   d) Haager Kindesentführungsübereinkommen 123
   e) Nationales Recht 125
   f) Abänderung anerkannter Entscheidungen 125

Stichwortverzeichnis 129

Abkürzungsverzeichnis

ABGB	Allgemeines Bürgerliches Gesetzbuch
AEUV	Vertrag über die Arbeitsweise der Europäischen Union
AJP	Aktuelle juristische Praxis
AsylVG	Asylverfahrensgesetz
AUG	Auslandsunterhaltsgesetz
BGBl	Bundesgesetzblatt
BMF	Bundesminister der Finanzen
Brüssel II-VO	Verordnung (EG) Nr. 1347/2000 des Rates v. 29.5.2000
Brüssel IIa-VO	Verordnung (EG) Nr. 2201/2003 des Rates v. 27.11.2003
BStBl	Bundessteuerblatt
BT-Drucks.	Bundestagsdrucksache
DNotZ	Deutsche Notarzeitschrift
EG	Europäische Gemeinschaften, EG-Vertrag
EheGVO	s. Brüssel IIa-VO
EU	Europäische Union
EuEheVO	s. Brüssel IIa-VO
EGVVO	Verordnung (EG) Nr. 44/2001 des Rates v. 22.10.2000
EuGüVO	Europäische Güterrechtsverordnung v. 24.6.2016
EuSorgÜ	Europäisches Sorgerechtsübereinkommen v. 20.5.1990
EuUntVO	Europäische Unterhaltsverordnung v. 18.12.2008
EuZVO	Europäische Zustellungsverordnung (EG-VO Nr. 1393/2007)
FamFG	Gesetz über das Verfahren in Familiensachen und in den Angelegenheiten der Freiwilligen Gerichtsbarkeit
FamLaw	Family Law (Zeitschrift)

FamPra.ch	Die Praxis des Familienrechts (Schweiz)
FamRÄndG	Familienrechtsänderungsgesetz
FamRBint	Familienrechtsberater international
FamRZ	Zeitschrift für das gesamte Familienrecht
FPR	Familie, Partnerschaft, Recht
FS	Festschrift
HKiEntÜ	Haager Kindesentführungsübereinkommen v. 23.10.1980
HUntGÜ	Haager Übereinkommen über die internationale Geltendmachung der Unterhaltsansprüche von Kindern und anderen Familienangehörigen v. 23.11.2007
HUÜ	Haager Unterhaltsübereinkommen v. 2.10.1973
HUVÜ	Haager Unterhalts- und Vollstreckungsübereinkommen v. 2.10.1973
HZPÜ	Haager Zivilprozessübereinkommen v. 1.3.1954
HZÜ	Haager Zustellungsübereinkommen v. 15.11.1995
i.d.R.	in der Regel
i.K.	in Kraft
IntFamRVG	Internationales Familienrechtsverfahrensgesetz v. 26.1.2005
IPR	Internationales Privatrecht
IPRax	Praxis des Internationalen Privat- und Verfahrensrechts
JM	Justizministerium
JR	Juristische Rundschau
KSÜ	Kinderschutzübereinkommen v. 19.10.1996
Lit.	Buchstabe
LJV	Landesjustizverwaltung
LPartG	Lebenspartnerschaftsgesetz v. 16.2.2001
LugÜ	Luganer Übereinkommen v. 16.9.1988 i.d.F. v. 13.10.2007
MSA	Minderjährigenschutzabkommen v. 5.10.1961
Rdnr.	Randnummer
Rom I-VO	VO (EG) Nr. 593/2008 des Europäischen Parlaments und des Rates v. 17.6.2008

Rom II-VO	VO (EG) Nr. 864/2007 des Europäischen Parlaments und des Rates v. 11.7.2007
Rom III-VO	VO (EG) Nr. 1259/2010 des Rates v. 20.12.2010
SorgeRÜ	s. EuSorgÜ
SZIER	Schweizerische Zeitschrift für Internationales und europäisches Recht
ÜbK 1973	s. HUÜ
UntProt	Haager Protokoll über das auf Unterhaltspflichten anzuwendende Recht v. 23.11.2007
VersAusglG	Versorgungsausgleichsgesetz
VO	Verordnung
ZfRV	Zeitschrift für Rechtsvergleichung
ZGB	Zivilgesetzbuch

Literaturverzeichnis

Bamberger/Roth, BGB, Bd. 3, 3. Aufl. 2012.
Baumbach/Lauterbach/Albers/Hartmann, ZPO, 75. Aufl. 2017.
Bergmann/Ferid/Henrich, Internationales Ehe- und Kindschaftsrecht, Loseblattausgabe.
Geimer, Internationales Zivilprozessrecht, 7. Aufl. 2015.
Geimer/Schütze, Europäisches Zivilverfahrensrecht, 3. Aufl. 2010.
Heiß/Born, Unterhaltsrecht, Loseblattausgabe, Stand: 1.2.2012.
Henrich, Deutsches, ausländisches und internationales Familien- und Erbrecht, Bd. 10 der Beiträge zum europäischen Familienrecht (2006).
Henrich, Internationales Familienrecht, 2. Aufl. 2000.
Jayme/Hausmann, Internationales Privat- und Verfahrensrecht, 18. Aufl. 2016.
Johannsen/Henrich, Familienrecht, 6. Aufl. 2015.
Kegel/Schurig, Internationales Privatrecht, 9. Aufl. 2004.
Keidel, FamFG, 19. Aufl. 2017.
Linke/Hau, Internationales Zivilverfahrensrecht, 6. Aufl. 2015.
MünchKomm/BGB, Bd. 10 und 11, 6. Aufl. 2015.
MünchKomm/FamFG, 2. Aufl. 2013.
MünchKomm/ZPO, Bd. 3, 4. Aufl. 2016.
Musielak/Borth, Familiengerichtliches Verfahren, 5. Aufl. 2015.
Nagel/Gottwald, Internationales Zivilprozessrecht, 7. Aufl. 2013.
Palandt, BGB, 76. Aufl. 2017.
Prütting/Helms, FamFG, 3. Aufl. 2014.
Rahm/Künkel, Handbuch des Familiengerichtsverfahrens, Loseblattausgabe.
Rauscher, Europäisches Zivilprozess- und Kollisionsrecht, Bd. IV, 4. Aufl. 2015.
Staudinger, BGB, Neubearbeitungen 2003-2016.
Thomas/Putzo, ZPO, 38. Aufl. 2017.
Zöller/Geimer, ZPO, 31. Aufl. 2016.

I. Die Ehescheidung

1. Internationale Zuständigkeit

a) Vorrang des EU-Rechts

In welchen Fällen deutsche Gerichte eine Ehe scheiden können, in der wenigstens ein Ehegatte nicht die deutsche Staatsangehörigkeit besitzt oder seinen gewöhnlichen Aufenthalt im Ausland hat, ist eine Frage der internationalen Zuständigkeit. Die internationale Zuständigkeit der deutschen Gerichte ergibt sich an erster Stelle aus der VO (EG) Nr. 2201/2003 des Rates v. 27.11.2003 (i.K. 1.3.2005) über die Zuständigkeit und die Anerkennung und Vollstreckung von Entscheidungen in Ehesachen und in Verfahren betreffend die elterliche Verantwortung und zur Aufhebung der VO (EG) Nr. 1347/2000, der sog. **Brüssel IIa-VO**, häufig auch abgekürzt **EuEheVO**. Die nationale Vorschrift zur Regelung der internationalen Zuständigkeit in Ehesachen, nämlich § 98 FamFG, wird durch sie im Regelfall verdrängt und hat darum nur marginale Bedeutung (Näheres dazu s.u. Rdnrn. 11 ff.).

In den sachlichen Anwendungsbereich der Brüssel IIa-VO fallen nach Art. 1 Abs. 1a der VO zunächst alle Zivilsachen, die die Ehescheidung, die Trennung ohne Auflösung des Ehebandes und die Ungültigerklärung einer Ehe betreffen. Grundlegende Vorschrift für die internationale Zuständigkeit ist Art. 3 der VO. Weitere Zuständigkeitsgründe ergeben sich aus Art. 4 (Gegenantrag) und Art. 5 (Umwandlung einer Trennung ohne Auflösung des Ehebandes in eine Ehescheidung)[1]. Nicht ausdrücklich genannt ist die Aufhebung der Ehe, doch wird man sie der Scheidung gleichsetzen oder der Ungültigerklärung im weiteren Sinn zuordnen dürfen. Die Brüssel IIa-VO gilt des Weiteren für die Zivilsachen, die die Zuweisung, die Ausübung, die Übertragung sowie die vollständige oder teilweise Entziehung der elterlichen Verantwortung betreffen (Art. 1 Abs. 1b), also vornehmlich das Sorgerecht und das Umgangsrecht.

---

[1] Vgl. dazu *Henrich*, Die Umwandlung einer gerichtlichen Trennung in eine Scheidung: Internationale Zuständigkeit und anwendbares Recht, FS Gottwald (2014), 267. Zur internationalen Zuständigkeit, wenn nach dem Tod eines Ehegatten ein Dritter auf Feststellung der Ungültigkeit der Ehe klagt, vgl. EuGH FamRZ 2016, 1997.

Die Ehescheidung

3 Nach Art. 3 der Brüssel IIa-VO sind die deutschen Gerichte international zuständig,
- wenn beide Ehegatten ihren gewöhnlichen Aufenthalt im Inland haben,
- unter bestimmten Voraussetzungen auch dann, wenn nur ein Ehegatte seinen gewöhnlichen Aufenthalt im Inland hat,
- wenn beide Ehegatten deutsche Staatsangehörige sind.

(1) Beide Ehegatten haben ihren gewöhnlichen Aufenthalt im Inland

4 Der gewöhnliche Aufenthalt muss kein gemeinsamer sein. Es muss nur jeder Ehegatte seinen gewöhnlichen Aufenthalt im Inland haben.

Gewöhnlicher Aufenthalt ist der Ort oder das Land, „in dem der Schwerpunkt der Bindungen der betreffenden Person, ihr Daseinsmittelpunkt, liegt"[2].

5 *Beispiele:*

Gastarbeiter, die auf unbestimmte Zeit oder jedenfalls für mehrere Jahre in die Bundesrepublik gekommen sind, haben hier ihren gewöhnlichen Aufenthalt auch dann, wenn sie ihre Familie in ihrer Heimat zurückgelassen haben und dort auch jeweils ihren Jahresurlaub verbringen. Grenzgänger, die alltäglich oder allwöchentlich zu ihrer Familie zurückkehren, haben dagegen ihren gewöhnlichen Aufenthalt nicht dort, wo sie arbeiten, sondern dort, wo sie ihre Familienwohnung haben[3]. Dasselbe gilt für Saisonarbeiter. Bei Berufssoldaten und länger Dienenden, die für längere Zeit in einem anderen als ihrem Heimatstaat stationiert sind, wird ein gewöhnlicher Aufenthalt insbesondere dann angenommen werden können, wenn im Stationierungsland ein ehelicher Hausstand existiert[4].

6 Der gewöhnliche Aufenthalt ist vom schlichten Aufenthalt zu unterscheiden. Ehegatten, die nur besuchsweise nach Deutschland kommen, haben hier keinen gewöhnlichen Aufenthalt. Aus einem schlichten Aufenthalt kann jedoch ein gewöhnlicher Aufenthalt werden, wenn die Eheleute ihre ursprüngliche Rückkehrabsicht aufgeben. Feste Zeitgrenzen, bei deren Überschreitung ein vorübergehender Aufenthalt zu einem gewöhnlichen Aufenthalt wird, existieren nicht. Man wird jedoch annehmen können, dass ein Aufenthalt, der von vornherein für einen kürzeren Zeitraum als ein Jahr geplant ist, ein vorübergehender Aufenthalt sein wird, während bei einer geplanten Aufenthaltsdauer von mehr als zwei Jahren im Regelfall nicht mehr von einem nur vorübergehenden Aufenthalt gesprochen werden kann[5].

---

2 BGH FamRZ 1981, 135.
3 OLG Zweibrücken FamRZ 1985, 81.
4 *Jayme*, IPRax 1988, 113 ff. (zu AG Heidelberg); AG Landstuhl FamRZ 2003, 1300, m. Anm. *Hau*. Zum gewöhnlichen Aufenthalt von Asylbewerbern vgl. OLG Koblenz FamRZ 2016, 995.
5 *Henrich*, Internationales Familienrecht, 2. Aufl. 2000, S. 61.

(2) Nur ein Ehegatte hat seinen gewöhnlichen Aufenthalt im Inland

Hat nur ein Ehegatte seinen gewöhnlichen Aufenthalt im Inland, so sind die deutschen Gerichte international zuständig, wenn eine der folgenden weiteren Voraussetzungen gegeben ist:

– die Eheleute hatten ursprünglich beide ihren gewöhnlichen Aufenthalt in Deutschland, ein Ehegatte hat diesen gewöhnlichen Aufenthalt beibehalten,

– der Ehegatte mit gewöhnlichem Aufenthalt in Deutschland ist der Antragsgegner,

– beide Ehegatten haben gemeinsam die Scheidung beantragt,

– der Antragsteller hat sich seit mindestens einem Jahr unmittelbar vor der Antragstellung in Deutschland aufgehalten,

– der Antragsteller hat sich seit mindestens sechs Monaten unmittelbar vor der Antragstellung in Deutschland aufgehalten und ist deutscher Staatsangehöriger.

Von einem „gemeinsamen Antrag" der Ehegatten ist auch dann auszugehen, wenn beide Ehegatten unabhängig voneinander den Antrag auf Scheidung stellen oder wenn nur ein Ehegatte den Antrag stellt, der andere Ehegatte aber dem Antrag zustimmt (vgl. § 1566 I BGB). Auf den letzten Spiegelstrich kann sich auch berufen, wer neben der deutschen Staatsangehörigkeit noch eine weitere Staatsangehörigkeit besitzt[6]. Staatenlose und Flüchtlinge mit gewöhnlichem Aufenthalt in Deutschland stehen deutschen Staatsangehörigen nicht gleich[7].

(3) Beide Ehegatten sind deutsche Staatsangehörige

Sind beide Ehegatten Deutsche, so kommt es auf ihren gewöhnlichen Aufenthalt nicht an. Die deutschen Gerichte sind international zuständig, auch wenn keiner der Ehegatten seinen gewöhnlichen Aufenthalt in Deutschland hat. Die gemeinsame deutsche Staatsangehörigkeit begründet die internationale Zuständigkeit auch dann, wenn ein Ehegatte oder beide Ehegatten neben der deutschen noch eine weitere Staatsangehörigkeit besitzen, also Doppel- oder Mehrstaater sind. Staatenlose und Flüchtlinge oder Asylberechtigte mit gewöhnlichem Aufenthalt in Deutschland stehen auch hier deutschen Staatsangehörigen nicht gleich.

---

6 EuGH IPRax 2010, 66 = FamRZ 2009, 1571.
7 *Zöller/Geimer*, EuEheVO Anh. II A Rdnr. 19; a.A. *Staudinger/Spellenberg* (2015) Art. 3 Brüssel IIa-VO Rdnr. 135.

10 Für die Anwendung der EG-Verordnung kommt es nur darauf an, ob nach ihren Vorschriften eine internationale Zuständigkeit gegeben ist. Ein Bezug zu mehreren Mitgliedstaaten wird nicht vorausgesetzt.

b) Internationale Zuständigkeit nach § 98 FamFG

11 Die Brüssel IIa-VO hat als EU-Recht Vorrang vor den nationalen Vorschriften. Für § 98 FamFG bleibt daneben nur noch wenig Raum. § 98 FamFG findet Anwendung, wenn sich aus der EU-Verordnung keine internationale Zuständigkeit der deutschen Gerichte ergibt, aber auch dann nur, wenn sich aus der EU-Verordnung nicht die Zuständigkeit der Gerichte eines anderen Mitgliedstaates ergibt (Art. 7 I Brüssel IIa-VO)[8]. Ist letzteres der Fall, so hat sich das Gericht von Amts wegen für unzuständig zu erklären (Art. 17 Brüssel IIa-VO).

12 Haben also beide Ehegatten ihren gewöhnlichen Aufenthalt in Deutschland oder sind beide Deutsche, so wird § 98 FamFG durch Art. 3 der Brüssel IIa-VO verdrängt. Hat nur ein Ehegatte seinen gewöhnlichen Aufenthalt in Deutschland, so wird sich im Regelfall ebenfalls die internationale Zuständigkeit aus der genannten EG-Verordnung ergeben. Deren Geltung ist nicht auf den Fall beschränkt, dass der andere Ehegatte seinen gewöhnlichen Aufenthalt in einem anderen Mitgliedstaat der EU hat oder die Staatsangehörigkeit eines Mitgliedstaates besitzt. Das folgt daraus, dass mit der genannten EG-Verordnung innerhalb der EU eine einheitliche Kompetenzordnung geschaffen werden sollte, die auch dann gilt, wenn es um die Abgrenzung der internationalen Zuständigkeit gegenüber Drittstaaten geht. Die internationale Zuständigkeit richtet sich also auch dann nach Art. 3 der Brüssel IIa-VO, wenn der Antragsteller seit mehr als einem Jahr seinen gewöhnlichen Aufenthalt im Inland hat, während der Antragsgegner – z.B. – in der Schweiz oder in den USA lebt[9]. Für § 98 FamFG bleibt im Wesentlichen nur der Fall übrig, dass kein Ehegatte seinen gewöhnlichen Aufenthalt in Deutschland hat, ein Ehegatte aber Deutscher ist (oder bei der Eheschließung Deutscher war), § 98 I Nr. 1 FamFG. In diesem Fall ist aber Art. 6 Brüssel IIa-VO zu beachten: Gegen einen Ehegatten, der seinen gewöhnlichen Aufenthalt im Hoheitsgebiet eines Mitgliedstaats hat oder Staatsangehöriger eines Mitgliedstaats ist oder – im Fall des Vereinigten Königreichs und Irlands – sein „domicile" im Hoheitsgebiet eines dieser Mitgliedstaaten hat, darf ein Verfahren vor den Gerichten eines anderen Mitgliedstaats nur nach Maßgabe der Art. 3, 4 oder 5 der Brüssel IIa-

---

8 EuGH FamRZ 2008, 128.
9 BGH FamRZ 2008, 1409, 1410; *Staudinger/Spellenberg* (2015), Art. 1 EheGVO Rdnr. 34, 36 f.; *Staudinger/Pirrung* (2009), Vorbem. C 17 zu Art. 19 EGBGB; *Rauscher/Rauscher*, Einl. Brüssel IIa-VO Rdnr. 28; *Geimer/Schütze*, VO (EG) Nr. 2201/2003, Art. 1 Rdnr. 52.

VO durchgeführt werden. Nur dann, wenn der Antragsgegner weder seinen gewöhnlichen Aufenthalt in einem Mitgliedstaat der EU hat, noch Staatsangehöriger eines Mitgliedstaates der EU ist, kann ein im Ausland lebender Deutscher unter Berufung auf § 98 I Nr. 1 FamFG in Deutschland die Scheidung seiner Ehe beantragen, soweit sich aus den Artikeln 3, 4 und 5 keine Zuständigkeit der Gerichte eines Mitgliedstaats ergibt (Art. 7 I Brüssel IIa-VO).

Beispiel: 13
Eine Deutsche, die einen Schweizer geheiratet hat und in der Schweiz – ebenso wie ihr Ehemann – noch immer ihren gewöhnlichen Aufenthalt hat, stellt vor dem Amtsgericht Schöneberg in Berlin (§ 122 Nr. 6 FamFG) den Antrag auf Scheidung ihrer Ehe. Hier ist die Zuständigkeit nach § 98 I Nr. 1 FamFG gegeben. Die Ehefrau ist deutsche Staatsangehörige und der Ehemann hat weder die Staatsangehörigkeit eines Mitgliedstaats der EU noch seinen gewöhnlichen Aufenthalt in einem Mitgliedstaat der EU. Hat das deutsch-schweizerische Ehepaar dagegen in Frankreich gelebt und ist der Ehemann nach der Trennung in die Schweiz zurückgekehrt, so kann die in Frankreich zurückgebliebene Ehefrau nicht in Deutschland den Scheidungsantrag stellen[10]. Aus dem zweiten Spiegelstrich des Art. 3 I a Brüssel IIa-VO ergibt sich die Zuständigkeit der französischen Gerichte. Ebenso könnte die Ehefrau, die mit ihrem Ehemann in der Schweiz gelebt hat, nicht in Deutschland die Scheidung begehren, wenn ihr schweizerischer Ehemann nach der Trennung einen neuen gewöhnlichen Aufenthalt in Frankreich begründet hat (Art. 3 I a 3. Spiegelstrich Brüssel IIa-VO).

„Mitgliedstaat" i.S. der genannten Brüsseler Verordnung ist jeder Mitgliedstaat der EU mit Ausnahme Dänemarks (Art. 2 Nr. 3 Brüssel IIa-VO). Das Gebiet der Mitgliedstaaten umfasst auch die überseeischen Departements Frankreichs, die zu Spanien und Portugal gehörenden Inseln (Balearen, Kanarische Inseln, Azoren, Madeira) und Gibraltar, nicht aber die Kanalinseln und die Isle of Man (Art. 355 AEUV)[11]. 14

2. Bedeutung ausländischer Rechtshängigkeit

Die Berücksichtigung ausländischer Rechtshängigkeit ist sowohl nach Art. 19 Brüssel IIa-VO als auch nach nationalem Verfahrensrecht geboten. 15

a) Brüssel IIa-VO

Werden bei Gerichten verschiedener Mitgliedstaaten der EU (mit Ausnahme Dänemarks; vgl. oben Rdnr. 14) Anträge auf Ehescheidung, Trennung ohne Auflösung des Ehebandes oder Ungültigerklärung einer Ehe zwischen denselben Parteien gestellt, so hat das später angerufene Gericht das Verfahren von Amts wegen auszusetzen, bis die Zuständigkeit des zuerst angerufenen Gerichts geklärt ist (Art. 19 I Brüssel IIa-VO). 16

---
10 EuGH FamRZ 2008, 128.
11 *Thomas/Putzo/Hüßtege,* EuEheVO Vorbem. 2.

17 Die Rechtshängigkeitssperre tritt also nicht nur dann ein, wenn die Verfahrensgegenstände identisch sind. Ausländische Rechtshängigkeit ist auch dann zu berücksichtigen, wenn im Ausland (z.B. in Italien) auf gerichtliche Trennung geklagt wird und im Inland ein Antrag auf Scheidung gestellt wird[12]. Insofern unterscheidet sich die Rechtslage nach der Brüssel IIa-VO von der nach dem nationalen Recht (§ 261 III Nr. 1 ZPO analog), wonach die erforderliche Identität der Streitgegenstände z.B. nicht gegeben war, wenn einem Ehetrennungsverfahren im Ausland ein Ehescheidungsverfahren im Inland folgte[13] oder wenn ein Ehegatte im Ausland die Scheidungsklage erhoben hatte und der andere Ehegatte im Inland die Aufhebung der Ehe begehrte[14].

18 Der Antrag auf Aufhebung der Ehe wird in der Aufzählung in Art. 19 I Brüssel IIa-VO nicht ausdrücklich erwähnt, ist aber nach allgemeiner Auffassung ebenfalls unter diese Vorschrift zu subsumieren[15].

19 Das später „angerufene" Gericht setzt das Verfahren „von Amts wegen" aus.

„Angerufen" ist das Gericht in dem Zeitpunkt, zu dem das verfahrenseinleitende Schriftstück oder ein gleichwertiges Schriftstück[16] bei Gericht eingereicht worden ist, vorausgesetzt, dass der Antragsteller es in der Folge nicht versäumt hat, die ihm obliegenden Maßnahmen (Angabe der richtigen Adresse, Einzahlung eines Kostenvorschusses nach Anforderung durch das Gericht, ordnungsgemäßer VKH-Antrag)[17] zu treffen, um die Zustellung des Schriftstücks an den Antragsgegner zu bewirken (Art. 16 I a Brüssel IIa-VO).

20 Die „europäische Rechtshängigkeit"[18] ist damit weder mit der Rechtshängigkeit des deutschen Rechts (Zustellung an den Beklagten bzw. Antragsgegner) identisch, noch genügt die bloße Einreichung bei Gericht (Anhängigkeit), weil dem Kläger bzw. Antragsteller weitere „Maßnahmen"

---

12 EuGH FamRZ 2015, 2036.
13 KG NJW 1983, 2326.
14 OLG Karlsruhe IPRax 1985, 36.
15 *Johannsen/Henrich*, Eherecht, § 98 FamFG Rdnr. 3; *Thomas/Putzo/Hüßtege*, ZPO, Art. 1 EuEheVO Rdnr. 2.
16 Das betrifft etwa den Fall, dass in einem Staat dem Scheidungsantrag ein formelles Schlichtungs- oder Versöhnungsverfahren vorgeschaltet ist. Hier tritt die Rechtshängigkeitssperre mit der Einreichung eines Antrags auf Einleitung eines solchen Verfahrens ein; vgl. *Johannsen/Henrich*, aaO, Rdnr. 29.
17 *Thomas/Putzo/Hüßtege*, Art. 16 EuEheVO Rdnr. 3. S. dazu auch *Mankowski*, FamRZ 2015, 1865.
18 Ausführlich dazu: *Gruber*, Die neue „europäische Rechtshängigkeit" bei Scheidungsverfahren, FamRZ 2000, 1129; *Wagner*, Ausländische Rechtshängigkeit in Ehesachen unter besonderer Berücksichtigung der EG-Verordnungen Brüssel II und Brüssel IIa, FPR 2004, 286.

abverlangt werden. Die Rechtshängigkeitssperre ist von Amts wegen zu berücksichtigen. Das Gericht hat insoweit keinen Ermessensspielraum. Wollen die Parteien die Sperre beseitigen, so muss die im Ausland erhobene Klage, bzw. der im Ausland gestellte Scheidungsantrag zurückgenommen werden.

Die Aussetzung des Verfahrens durch das später angerufene Gericht soll es dem zuerst angerufenen Gericht ermöglichen, seine Zuständigkeit zu klären. Stellt das zuerst angerufene Gericht seine Unzuständigkeit fest oder erledigt sich dieses Verfahren[19], so wird das ausgesetzte Verfahren fortgesetzt. Stellt das zuerst angerufene Gericht seine Zuständigkeit fest, so hat sich das später angerufene Gericht zugunsten dieses Gerichts für unzuständig zu erklären. Danach, ob die Entscheidung des zuerst angerufenen Gerichts im Inland anzuerkennen ist, wird nicht gefragt und braucht auch nicht gefragt zu werden. Die Anerkennungspflicht ergibt sich aus Art. 21 Brüssel IIa-VO. Vorausgesetzt wird nur die Unanfechtbarkeit der Entscheidung des zuerst angerufenen Gerichts, damit es nicht zu einem Kompetenzkonflikt kommt[20]. Hat sich das später angerufene Gericht für unzuständig erklärt, kann der Antragsteller, der den Antrag bei diesem Gericht gestellt hatte, diesen Antrag dem zuerst angerufenen Gericht vorlegen.

b) Nationales Recht

Außerhalb des Geltungsbereichs der Brüssel IIa-VO, also dann, wenn ein Verfahren vor einem Gericht eines Staates rechtshängig ist, der nicht Mitgliedstaat der EU (i.S. von Art. 2 Nr. 3 Brüssel IIa-VO) ist, ergibt sich die Pflicht zur Berücksichtigung ausländischer Rechtshängigkeit gemäß § 113 I S. 2 FamFG aus der analogen Anwendung des § 261 III Nr. 1 ZPO. Das gilt auch für Scheidungsverfahren[21].

Anders als nach der Brüssel IIa-VO ist nach § 261 III Nr. 1 ZPO Voraussetzung für die Berücksichtigung ausländischer Rechtshängigkeit die Identität der Verfahrensgegenstände. Darum steht hier ein Ehetrennungsverfahren oder ein Eheaufhebungsverfahren einem Scheidungsverfahren nicht gleich[22].

---

19 Vgl. EuGH FamRZ 2015, 2036, m. Anm. *Althammer.*
20 *Gruber,* aaO, S. 1133; *Wagner,* aaO, S. 288.
21 BGH FamRZ 1992, 1058; OLG Frankfurt FamRZ 2000, 35 (frühere Rechtshängigkeit in der Türkei); KG FamRZ 2016, 836, m. Anm. *Geimer* (frühere Rechtshängigkeit in der Schweiz); AmtsG Leverkusen FamRZ 2003, 41 (frühere Rechtshängigkeit in der Türkei); AmtsG Hamburg FamRZ 2005, 284, m. Anm. *Gottwald* (frühere Rechtshängigkeit in Florida).
22 KG NJW 1983, 2326; OLG Karlsruhe IPRax 1985, 36; s. auch BGH 2008, 140, m. Anm. *Henrich;* KG FamRZ 2016, 836.

24 Mangels eines einheitlichen Begriffs der Rechtshängigkeit ist die Frage, ob und wann Rechtshängigkeit im Ausland eingetreten ist, nach der lex fori des ausländischen Gerichts zu beurteilen[23]. Die Beweislast für das Vorliegen anderweitiger Rechtshängigkeit trägt der Beklagte bzw. der Antragsgegner[24]. Die Beurteilung des Eintritts der Rechtshängigkeit nach der lex fori des ausländischen Gerichts kann dazu führen, dass die ausländische Rechtshängigkeit Priorität genießt, obwohl der im Ausland lebende Antragsgegner seinen Scheidungsantrag später eingereicht hat als der hiesige Antragsteller, dann nämlich, wenn die Rechtshängigkeit im Ausland – anders als nach inländischem Verfahrensrecht – nicht erst mit der Zustellung der Antragsschrift an den Antragsgegner, sondern bereits mit dem Einreichen der Antrags- oder Klageschrift bei Gericht eintritt[25]. Aus diesem Grund wird an der herrschenden Meinung vielfach Kritik geübt[26]. Die Kritiker haben sich jedoch gegenüber der herrschenden Meinung bisher nicht durchsetzen können.

25 Eine frühere Rechtshängigkeit im Ausland schließt ein inländisches Verfahren nur dann aus, wenn das zu erwartende ausländische Urteil voraussichtlich anerkannt werden wird, sei es aufgrund eines Staatsvertrags[27] oder sei es aufgrund der §§ 107, 109 FamFG. Das Gericht hat also bei ausländischer Rechtshängigkeit eines Scheidungsverfahrens eine **Anerkennungsprognose** zu stellen. Nach § 109 FamFG kommt es insbesondere darauf an, ob das ausländische Gericht aus deutscher Sicht – also bei spiegelbildlicher Anwendung der deutschen Zuständigkeitsnormen – international zuständig ist und dem Antragsgegner das verfahrenseinleitende Schriftstück ordnungsgemäß zugestellt worden ist. Hat z.B. der amerikanische Ehemann einer deutschen Frau am letzten gemeinsamen gewöhnlichen Aufenthalt der Eheleute in Kalifornien ein Scheidungsverfahren eingeleitet, so ist das dortige Gericht als international zuständig anzusehen, weil unter vergleichbaren Umständen auch ein deutsches Gericht seine internationale Zuständigkeit bejaht hätte (s.o. Rdnr. 7). Zu den weiteren Anerkennungsvoraussetzungen Näheres sogleich (Rdnr. 48 ff.).

26 Besteht nach dem Gesagten eine Rechtshängigkeitssperre, so hat dies nicht notwendig, wie bei reinen Inlandsfällen, die Abweisung des in

---

23 BGH FamRZ 1992, 1058; OLG Frankfurt FamRZ 2000, 35; OLG Bamberg FamRZ 2000, 1289; KG FamRZ 2016, 836.
24 *Gottwald*, FamRZ 2005, 380, m.w.N.
25 Vgl. für die Türkei: OLG Frankfurt FamRZ 2000, 35; für die Schweiz: Art. 9 IPRG (Einleitung des Sühneverfahrens) KG aaO; für Florida: *Gottwald*, FamRZ 2005, 286; übersehen von OLG München, FamRZ 2017, 131, m. Anm. *Gruber*.
26 *Linke*, Anderweitige Rechtshängigkeit im Ausland und inländischer Justizgewährungsanspruch, IPRax 1994, 17; *Heiderhoff*, Die Berücksichtigung ausländischer Rechtshängigkeit in Ehescheidungsverfahren (1998), 182 ff; *Geimer* (Fn. 21), 840.
27 S. dazu *Johannsen/Henrich*, § 107 FamFG Rdnr. 3.

Deutschland gestellten Scheidungsantrags als unzulässig zur Folge. Das Gericht kann vielmehr in Analogie zu § 148 ZPO das **Verfahren aussetzen**[28]. Von dieser Möglichkeit wird es freilich nur Gebrauch machen, wenn die Anerkennung unsicher ist. Dem Betreiber des Inlandsverfahrens sollen keine Nachteile entstehen, wenn das ausländische Urteil entgegen der ursprünglichen Anerkennungsprognose doch nicht anerkannt werden kann[29].

Ist ein Verfahren im Ausland vor einem kirchlichen Gericht rechtshängig, das die Scheidung nicht selbst ausspricht, sondern lediglich eine Privatscheidung gestattet (Beispiel: Rabbinatsgericht), so entscheidet über die Anerkennungsvoraussetzungen nach wohl noch immer h.M. nicht gemäß § 107 FamFG die Landesjustizverwaltung, sondern das nach Art. 17 EGBGB berufene Recht, weil hier nicht über die Wirksamkeit einer Entscheidung, sondern vielmehr über die Wirksamkeit eines privaten Rechtsaktes zu befinden ist[30].

27

3. Anerkennung ausländischer Ehescheidungen

Eine Ehe kann nur geschieden werden, wenn sie nicht bereits aufgelöst ist. Eine Scheidung im Ausland schließt aber nicht in jedem Fall eine erneute Scheidung im Inland aus. Vielmehr kommt es darauf an, ob das ausländische Urteil im Inland anzuerkennen ist.

28

a) Anerkennung nach EU-Recht

Die in einem Mitgliedstaat der EU (mit Ausnahme Dänemarks, vgl. Art. 2 Nr. 3 Brüssel IIa-VO) ergangenen Entscheidungen werden in den anderen Mitgliedstaaten anerkannt, ohne dass es hierfür eines besonderen Verfahrens bedarf (Art. 21 I Brüssel IIa-VO). Die Tatsache der Ehescheidung, Ehetrennung ohne Auflösung des Ehebandes oder Ungültigerklärung bzw. Aufhebung einer Ehe durch das Gericht eines Mitgliedstaats kann in einem deutschen Scheidungsverfahren jederzeit geltend gemacht und festgestellt werden. Es bedarf hier also keiner Vorlage an die Landesjustizverwaltung gem. § 107 FamFG. Den Parteien bleibt es allerdings unbenommen, eine Entscheidung über die Anerkennung oder Nichtanerkennung der Entscheidung zu beantragen (Art. 21 III Brüssel IIa-VO). Die Gründe für die Nichtanerkennung einer Entscheidung sind in Art. 22 Brüssel IIa-VO aufgezählt: Verstoß gegen den inländischen ordre public,

29

---

28 *Geimer,* IZPR Rdnr. 2712; *Linke/Hau,* Rdnr. 259; wohl auch BGH NJW 1986, 2195, 2196.
29 Ausführlich dazu: *Staudinger/Spellenberg,* Anh. zu § 106 FamFG Rdnr. 67; *Heiderhoff* (Fn. 26), 66 ff., 235 ff.; *Eicher,* FamRZ 2016, 1192.
30 BGH FamRZ 2008, 1409, m. Anm. *Henrich,* s. auch *Henrich,* Zur Berücksichtigung der ausländischen Rechtshängigkeit von Privatscheidungen, IPRax 1995, 86. S. aber auch unten Rdnr. 43, 44.

Zustellung des verfahrenseinleitenden Schriftstücks oder eines gleichwertigen Schriftstücks an den Antragsgegner nicht so rechtzeitig und in einer Weise, dass der Antragsgegner sich verteidigen konnte, es sei denn, der Antragsgegner hat sich auf das Verfahren eingelassen oder war mit der Entscheidung eindeutig einverstanden[31], Unvereinbarkeit mit einer im Inland zwischen denselben Parteien ergangenen Entscheidung, Unvereinbarkeit mit einer im Inland anzuerkennenden Entscheidung in einem anderen Mitgliedstaat oder einem Drittstaat. Wichtig ist: Die Zuständigkeit des Gerichts des Ursprungsmitgliedstaats darf nicht nachgeprüft werden (Art. 24 Brüssel IIa-VO). Unterschiede beim anzuwendende Recht spielen keine Rolle (Art. 25 Brüssel IIa-VO). Eine Nachprüfung in der Sache ist ausgeschlossen (Art. 26 Brüssel IIa-VO).

b) Anerkennung von Entscheidungen aus Drittstaaten

(1) Anerkennungsmonopol der Landesjustizverwaltungen

30   Ehescheidungsurteile aus Drittstaaten, also aus Staaten, die nicht Mitgliedstaat der EU sind sowie aus Dänemark, unterliegen dem Anerkennungsmonopol der Landesjustizverwaltungen. § 107 I S. 1 FamFG bestimmt: „Entscheidungen, durch die im Ausland eine Ehe für nichtig erklärt, aufgehoben, dem Ehebande nach oder unter Aufrechterhaltung des Ehebandes geschieden oder durch die das Bestehen oder Nichtbestehen einer Ehe zwischen den Beteiligten festgestellt worden ist, werden nur anerkannt, wenn die Landesjustizverwaltung festgestellt hat, dass die Voraussetzungen für die Anerkennung vorliegen." Von dieser Regel gibt es nur eine Ausnahme: Hat ein Gericht des Staates entschieden, dem beide Ehegatten zur Zeit der Entscheidung angehört haben, so hängt die Anerkennung nicht von einer Feststellung der Landesjustizverwaltung ab (§ 107 I S. 2 FamFG).

31   Das bedeutet: Allein die Landesjustizverwaltung entscheidet über die Anerkennungsfähigkeit einer Ehescheidung aus einem Drittstaat, wenn es sich entweder um eine gemischt-nationale Ehe handelt oder wenn die Ehegatten nicht dem Staat angehörten, in dem die Ehe geschieden wurde.

32   Waren dagegen beide Ehegatten Staatsangehörige des Gerichtsstaats, kann die Wirksamkeit der Eheauflösung in jedem Verfahren nachgeprüft und – inzidenter – festgestellt werden[32]. Ist ein Ehegatte Doppelstaater und hat er eine Staatsangehörigkeit mit dem anderen Ehegatten gemeinsam, so

---

31   MünchKomm/FamFG/*Gottwald*, Art. 22 Brüssel IIa-VO Rdnr. 6; *Staudinger/Spellenberg* (2015), Art. 22 Brüssel IIa-VO Rdnr. 52.
32   OLG Hamm IPRax 1989, 107; OLG Stuttgart FamRZ 2003, 1019.

kann von einer gemeinsamen Staatsangehörigkeit i.S. des § 107 I S. 2 FamFG nur ausgegangen werden, wenn die Staatsangehörigkeit des Doppelstaaters, die er mit seinem Ehegatten gemeinsam hat, zugleich seine effektive Staatsangehörigkeit ist. Ist eine der beiden Staatsangehörigkeiten die deutsche, so zählt in jedem Fall nur diese (Art. 5 I EGBGB)[33]. Wurde also die Ehe einer mit einem Türken verheirateten Frau mit türkischer und zugleich deutscher Staatsangehörigkeit in der Türkei geschieden, so gilt für die Anerkennung dieses Urteils in Deutschland § 107 I S. 1 FamFG und nicht § 107 I S. 2 FamFG.

Streitig war lange Zeit, ob auch in den Fällen, in denen beide Ehegatten Staatsangehörige des Gerichtsstaats waren, die Landesjustizverwaltung um eine Feststellung der Anerkennungsvoraussetzungen gebeten werden kann. Der BGH hat sich (noch zu Art. 7 § 1 FamRÄndG) für die Möglichkeit eines Anerkennungsverfahrens auch in solchen Fällen ausgesprochen[34]. Diese Möglichkeit besteht noch immer (§ 107 VIII FamFG).

33

Ursprünglich waren für die Anerkennung ausländischer Entscheidungen in Ehesachen ausschließlich die Landesjustizverwaltungen zuständig. Durch Gesetz v. 24.6.1994 (BGBl. 1994 I 1374) wurden die Landesregierungen ermächtigt, die nach dem FamRÄndG den Landesjustizverwaltungen zustehenden Befugnisse durch Rechtsverordnung auf einen oder mehrere **Präsidenten der Oberlandesgerichte** zu übertragen (Art. 7 § 1 II a FamRÄndG). Eine entsprechende Ermächtigung enthält nunmehr § 107 III FamFG. Von dieser Ermächtigung haben inzwischen die meisten Länder Gebrauch gemacht (Hessen, StAZ 1995, 92: Präsident des OLG Frankfurt; Nordrhein-Westfalen, StAZ 1995, 93: Präsident des OLG Düsseldorf; StAZ 2003, 314 (zu § 160 DA); Niedersachsen, StAZ 1995, 307; Sachsen, StAZ 1998, 196: Präsident des OLG Dresden; Bayern, StAZ 2010, 58: Präsident des OLG München; Baden-Württemberg, StAZ 2000, 347; Sachsen-Anhalt, StAZ 2001, 160: Präsident des OLG Naumburg; Brandenburg, StAZ 2003, 282; Saarland, StAZ 2004, 124; s. auch *Staudinger/Spellenberg* (2016), § 107 FamFG Rdnr. 142).

34

(2) Wirkung einer noch nicht anerkannten, aber anerkennungsbedürftigen ausländischen Ehescheidung

Gelegentlich wird gesagt, ein anerkennungsbedürftiges ausländisches Ehescheidungsurteil könne im Inland keine Wirkungen entfalten, solange die Anerkennung nicht festgestellt worden sei[35].

35

---

33 BayObLG FamRZ 1990, 897.
34 BGH NJW 1990, 3081.
35 BGH IPRax 1983, 292, 294; LJV NRW IPRax 1986, 167, 168.

36 Dieser Satz ist insofern missverständlich, als er zu der Folgerung verleiten könnte, ein deutsches Gericht könne ein Scheidungsverfahren auch dann noch fortsetzen, wenn ihm bekannt wird, dass die Ehe im Ausland geschieden worden ist. Das ist aber nicht der Fall.

37 Da im Fall der Anerkennung der ausländischen Entscheidung die Auflösung der Ehe feststeht, eine Scheidung im Inland also nicht mehr erfolgen kann, kann die Entscheidung über die Anerkennung nicht offen bleiben. Das Gericht, das von der Anerkennungsfähigkeit der Entscheidung ausgeht, kann die Entscheidung aber nicht selbst anerkennen. Es muss vielmehr der LJV bzw. dem zuständigen Präsidenten des OLG die Gelegenheit geben, über die Anerkennung zu entscheiden[36]. Das bedeutet: Das Verfahren ist auszusetzen (§ 113 II S. 2 FamFG i.V.m. § 148 ZPO). Ob von der Aussetzung abgesehen werden kann, wenn die Voraussetzungen für die Anerkennung des ausländischen Urteils offensichtlich fehlen (z.B. wegen fehlender internationaler Zuständigkeit des ausländischen Gerichts oder wenn beide Ehegatten erklären, die Anerkennung nicht betreiben zu wollen), ist umstritten. Das OLG Nürnberg hat in einem Fall, in dem die Ehefrau geltend machte, in dem ausländischen Verfahren nicht ordnungsgemäß beteiligt worden zu sein, von der Aussetzung abgesehen mit der Begründung, eine Anerkennung des Urteils sei unwahrscheinlich, und die Ehe (erneut) geschieden[37]. Das ist ein Verstoß gegen das Feststellungsmonopol der Landesjustizverwaltung und darum keine tragbare Begründung[38]. Im Ergebnis ist die Entscheidung aber gleichwohl richtig, weil das Gericht sie zusätzlich darauf gestützt hat, dass keine der Parteien bereit war, einen Antrag nach § 107 FamFG zu stellen. Hier macht eine Aussetzung keinen Sinn. Ohne Anerkennung war vom Fortbestand der Ehe auszugehen und konnte diese darum (erneut) geschieden werden[39].

Setzt das Gericht das Verfahren auch ohne Antrag eines Beteiligten aus, so hat es den Parteien zugleich eine Frist zur Einleitung des Anerkennungsverfahrens zu setzen; das Scheidungsverfahren sollte nicht auf unbestimmte Zeit ausgesetzt bleiben[40].

---

36 OLG Koblenz FamRZ 2005, 1692, m. Anm. *Gottwald*; OLG Celle FamRZ 2008, 430.
37 OLG Nürnberg FamRZ 2009, 637.
38 *Staudinger/Spellenberg* (2016) § 107 FamFG Rdnr. 34; *Thomas/Putzo/Hüßtege*, § 107 FamFG Rdnr. 9; *Zöller/Geimer*, § 107 FamFG Rdnr. 10.
39 Gegen eine erneute Scheidung und für eine Abweisung der zweiten Klage als unzulässig *Staudinger/Spellenberg* (2016) § 107 FamFG Rdnr. 51, der damit allerdings eine hinkende Ehe (aufgelöst im Ausland, fortbestehend im Inland) in Kauf nimmt. Zum Fortbestand der Ehe, wenn keine Anerkennung des ausländischen Scheidungsurteils beantragt wird, s. auch OLG Hamburg, FamRZ 2014, 1563.
40 OLG Karlsruhe FamRZ 1991, 92.

c) Anerkennung von Privatscheidungen

Privatscheidungen sind weltweit verbreitet. Hier scheiden sich die Ehegatten selbst, häufig unter Mitwirkung einer Behörde oder einer religiösen Instanz, nicht selten aber auch ohne eine solche Mitwirkung. Beispiele sind etwa die Verstoßung (talaq) im islamischen Recht, die Übergabe und Annahme des Scheidebriefes im jüdisch-religiösen Recht, die einverständliche Scheidung nach dem Recht vieler ostasiatischer Staaten.

Soweit bei einer Privatscheidung eine Behörde mitgewirkt hat, gilt das Anerkennungsmonopol der LJV auch für solche Scheidungen. Als „Mitwirkung" einer Behörde genügt auch eine bloße Registrierung[41].

Anerkennung durch die LJV bedeutet bei Privatscheidungen aber nicht dasselbe wie im Fall einer Scheidung durch ein Gericht oder eine Behörde. Im Fall einer gerichtlichen oder behördlichen Scheidung wird die Ehe durch einen Hoheitsakt mit konstitutiver Bedeutung, eine „Entscheidung", aufgelöst. Der Richter oder eine Behörde, die wie ein Richter agiert, z.B. der norwegische Fylkesmann[42], spricht die Scheidung aus. Bei einer Privatscheidung wird die Ehe nicht durch eine Entscheidung aufgelöst, sondern durch die Willenserklärung eines Ehegatten oder die einvernehmliche Erklärung beider Ehegatten. Die Behörde, der gegenüber die Scheidung erklärt wird, nimmt die Erklärung lediglich zur Kenntnis.

§ 107 FamFG spricht (ebenso wie Art. 21 Brüssel IIa-VO) von der Anerkennung von „Entscheidungen". Eine ausländische gerichtliche oder behördliche Entscheidung wird anerkannt, wenn keine Anerkennungshindernisse bestehen (§ 109 FamFG). Bei einer Privatscheidung wird nicht nach den Anerkennungshindernissen des § 109 FamFG gefragt (so jedenfalls nach bisher h.M.). Vielmehr wird sie wie jedes Rechtsgeschäft einer Wirksamkeitskontrolle anhand des anwendbaren Rechts unterzogen[43]. Anerkannt wird sie, wenn sie dem anwendbaren Recht entspricht (und die Anwendung des ausländischen Rechts nicht dem deutschen ordre public widerspricht). Das anwendbare Recht ergab sich früher aus Art. 17 EGBGB

---

41 BGH FamRZ 1990, 607; LJV BW IPRax 1988, 170; OLG Celle FamRZ 1998, 757. Zur Scheidung thailändischer Eheleute vor dem thailändischen Generalkonsulat in Deutschland vgl. OLG Nürnberg StAZ 2017, 209.

42 Vgl. zur Ehescheidung durch einen norwegischen Fylkesmann: OLG Schleswig FamRZ 2009, 609. Gegenstand der Anerkennung ist die gerichtliche oder behördliche Entscheidung, nicht ihre nachfolgende Registrierung im Personenstandsregister: KG FamRZ 2007, 1828.

43 *Henrich*, Privatscheidung im Ausland, IPRax 1982, 94; BGH FamRZ 1990, 607; 1994, 434; BayObLG FamRZ 2003, 381.

Die Ehescheidung

a.F. und wird seit dem Geltungsbeginn der Rom III-VO (21.6.2012) in dieser Verordnung gesucht[44].

42 Ob allerdings das anwendbare Recht tatsächlich der Rom III-VO entnommen werden kann, ist nicht unbestritten[45]. Die Rom III-VO ist auf gerichtliche Ehescheidungen zugeschnitten. Nicht alle ihre Regelungen sind auf Privatscheidungen übertragbar, etwa die Möglichkeit der Wahl des Rechts des Staates des angerufenen Gerichts (Art. 51 lit b Rom III-VO). Gleichwohl wird auf sie zurückgegriffen, weil es neben ihr keine andere Rechtsgrundlage für die Ermittlung des anwendbaren Rechts gibt.

43 Eine Alternative freilich gibt es: Schon bisher wurde darauf hingewiesen, dass die Grenzen zwischen der Privatscheidung und der Scheidung durch ein Gericht oder eine Behörde fließend sind. So sieht beispielsweise die pakistanische Muslim Family Laws Ordinance vor, dass eine Verstoßung (talaq) nicht wirksam wird, bevor nicht der Vorsitzende des zuständigen Schiedsgerichts und die Ehefrau hiervon schriftlich benachrichtigt wurden und ein anschließender Zeitraum von 90 Tagen verstrichen ist, innerhalb dessen ein Versöhnungsversuch unternommen werden muss[46]. Nach jüdischem Recht wird die Übergabe des Scheidebriefs (get) von einem Rabbinatsgericht überwacht, welches das Vorliegen von Scheidungsgründen überprüft. In Israel ist die internationale Zuständigkeit der Rabbinatsgerichte für alle Scheidungen jüdischer Ehen zwingend vorgeschrieben[47].

44 Diese Einschaltung einer Behörde, die sich nicht auf eine bloße Registrierung beschränkt, sondern auch das Vorliegen von Scheidungsgründen überprüft, könnte dafür sprechen, die Wirksamkeitskontrolle anhand des anwendbaren Rechts auf reine Privatscheidungen zu begrenzen und Scheidungen, die zwar nicht vom Gericht oder einer Behörde ausgesprochen worden sind, bei denen aber vor der Scheidung die Scheidungsvoraussetzungen überprüft worden sind oder die Privatscheidung nachträglich genehmigt worden ist, einer gerichtlichen Scheidung gleichzustellen. Im Fall einer solchen Gleichstellung könnte auf eine Prüfung des anwendbaren Rechts verzichtet und nach §§ 107 ff. FamFG verfahren werden.

45 Neu belebt wurde die Diskussion um die Anerkennung von Privatscheidungen durch die Einführung solcher Scheidungsmöglichkeiten auch

---

44 *Helms*, Reform des internationalen Scheidungsrechts durch die Rom III-Verordnung, FamRZ 2011, 1765, 1766; *Hepting/Dutta*, Familie und Personenstand, 2. Aufl. 2015, Rz. III-544; MüKoBGB/*Winkler von Mohrenfels*, Bd. 10, Rom III-VO Art. 1 Rz. 7.
45 *Gruber*, Scheidung auf Europäisch – die Rom III-Verordnung, IPRax 2012, 381, 383.
46 *Bergmann/Ferid/Henrich*, Internationales Ehe- und Kindschaftsrecht, Pakistan, S. 50.
47 *Herfarth*, Die Scheidung nach jüdischem Recht im internationalen Zivilverfahrensrecht (2000), S. 26 f.

in Mitgliedstaaten der EU (Rumänien[48], Italien[49], Spanien[50]). Auch in diesen Staaten kann seit einiger Zeit eine Ehe durch eine gemeinsame Erklärung der Ehegatten ohne Einschaltung eines Gerichts geschieden werden, sei es durch eine Erklärung gegenüber einem Notar oder einem Standesbeamten oder sei es durch eine anwaltsunterstützte Vereinbarung, die dann dem Standesbeamten übermittelt wird. Die jeweiligen Voraussetzungen der Scheidung (Trennungsfristen, Nichtvorhandensein betreuungsbedürftiger Kinder, Einigung über die wesentlichen Scheidungsfolgen) werden von der Behörde, der gegenüber die Erklärung abgegeben wird, oder – wie in Italien – zusätzlich vom zuständigen Staatsanwalt überprüft, der dann eine nihil-obstat-Erklärung abzugeben hat.

Stellt man mit der bisher h.M. darauf ab, dass wegen des Fehlens einer „Entscheidung" eine Wirksamkeitsüberprüfung anhand des anwendbaren Rechts stattzufinden hat, so stellt sich auch hier die Frage nach der Anwendbarkeit der Rom III-VO. Eine Alternative könnte die erwähnte Gleichsetzung einer behördlich überprüften Privatscheidung mit einer gerichtlichen Ehescheidung sein. In diesem Fall wären diese Privatscheidungen innerhalb der EU ohne besonderes Verfahren gemäß Art. 21 Brüssel IIa-VO und damit ohne nochmalige Überprüfung anzuerkennen. Für eine solche Gleichbehandlung könnte sprechen, dass in einer Reihe von Mitgliedstaaten der EU bei einverständlichen gerichtlichen Scheidungen keine weitere Überprüfung stattfindet und deswegen zwischen der kontrollierten Privatscheidung und einer gerichtlichen Entscheidung kein essentieller, sondern lediglich eine gradueller Unterschied besteht[51]. 46

Die Entscheidung über den Fortbestand der bisher praktizierten Wirksamkeitsüberprüfung anhand des anwendbaren Rechts und hier vor allem über die Anwendbarkeit der Rom III-VO wird in absehbarer Zeit der EuGH treffen, dem das OLG München diese Frage zur Entscheidung vorgelegt hat[52]. 47

d) Anerkennungsvoraussetzungen

Bei den Anerkennungsvoraussetzungen ist zu unterscheiden, ob es sich um eine Scheidung durch eine gerichtliche (oder behördliche) „Entscheidung" handelt[53] oder um eine Scheidung durch Rechtsgeschäft (Privatscheidung). 48

---

48 Art. 375 rum. ZGB.
49 Vgl. *Cubeddu Wiedemann/Henrich*, Neue Trennungs- und Scheidungsverfahren in Italien, FamRZ 2015, 1572.
50 Vgl. *Henrich*, Privatscheidungen in Spanien, FamRZ 2015, 1572.
51 Vgl. *Henrich*, Privatautonomie, Parteiautonomie: (Familienrechtliche) Zukunftsperspektiven, RabelsZ 2015, 752, 756.
52 OLG München FamRZ 2016, 1363. S. unten Rdnr. 58.
53 S. oben Rdnr. 40.

49 Im Fall einer gerichtlichen (oder behördlichen) Ehescheidung richten sich die Anerkennungsvoraussetzungen (wenn sich nicht bereits aus Art. 21 I Brüssel IIa-VO eine Anerkennungsverpflichtung ergibt, s.o. Rdnr. 29) nach § 109 FamFG. Dagegen wird – jedenfalls nach bisher h.M. – eine Privatscheidung nicht „anerkannt", sondern ihre Wirksamkeit nach dem anwendbaren Recht (früher Art. 17 EGBGB, nunmehr die Rom III-VO, s. dazu unten Rdnr. 58) überprüft. Im letzteren Fall kann u.U. der deutsche ordre public der Anwendung des an sich anwendbaren Rechts entgegenstehen.

50 Hauptgrund für die Nichtanerkennung eines ausländischen Scheidungsurteils war früher nach § 328 I Nr. 1 ZPO die **fehlende internationale Zuständigkeit** des ausländischen Gerichts. Auch heute noch wird die fehlende internationale Zuständigkeit in § 109 I Nr. 1 FamFG an erster Stelle genannt. An der fehlenden Zuständigkeit des ausländischen Gerichts dürfte die Anerkennung indessen nur selten scheitern. § 98 FamFG ist weit gefasst. Für die Zuständigkeit genügt es, wenn ein Ehegatte die Staatsangehörigkeit des Gerichtsstaats hat oder bei der Eheschließung hatte oder ein Ehegatte seinen gewöhnlichen Aufenthalt im Gerichtsstaat hat. Wahlweise können die Zuständigkeitsgründe neben § 98 FamFG auch aus Art. 3 Brüssel IIa-VO abgeleitet werden. Es bleiben die Fälle der Scheidung in einem der sogenannten inzwischen selten gewordenen – Scheidungsparadiese, in denen schon ein Aufenthalt von wenigen Tagen als Zuständigkeitsgrund angesehen wird[54].

51 Zu fragen ist jeweils: Hätten sich die deutschen Gerichte unter vergleichbaren Umständen für international zuständig gehalten? Die im Inland geltenden Vorschriften über die internationale Zuständigkeit sind also spiegelbildlich anzuwenden. Dabei kommt es nicht darauf an, ob das ausländische Gericht seine Zuständigkeit auf eine Vorschrift gegründet hat, die der entsprechenden inländischen Zuständigkeitsnorm entspricht. Entscheidend ist, ob ein Grund, der ein deutsches Gericht zur Annahme der Zuständigkeit berechtigt hätte (z.B. gewöhnlicher Aufenthalt des Antragsgegners oder gewöhnlicher Aufenthalt des Antragstellers), im Ausland tatsächlich vorgelegen hat.

52 Häufiger als auf § 109 I Nr. 1 FamFG wird die Verweigerung der Anerkennung auf § 109 I Nr. 2 FamFG gestützt. Nach § 109 I Nr. 2 FamFG kann die Anerkennung verweigert werden, wenn das verfahrenseinleitende Schriftstück dem Adressaten nicht ordnungsgemäß oder nicht so rechtzei-

---

54 Vgl. z.B. BayObLG FamRZ 1992, 584. Für die Anerkennung eines ausländischen Scheidungsurteils ist das im Zeitpunkt der Anerkennung geltende Recht anzuwenden. Es kommt also nicht auf die Anerkennungsvoraussetzungen zur Zeit des Erlasses der ausländischen Entscheidung an: BayObLG FamRZ 1988, 860; 1990, 1265.

tig mitgeteilt worden ist, dass er seine Rechte wahrnehmen konnte, er sich zur Hauptsache nicht geäußert hat und sich darauf auch beruft[55].

Anders als in § 328 I Nr. 2 ZPO wird in § 109 I Nr. 2 FamFG die Anerkennung nicht von einer rechtzeitigen und ordnungsgemäßen „Zustellung" abhängig gemacht, sondern von einer ordnungsgemäßen und rechtzeitigen „Mitteilung" des verfahrenseinleitenden Schriftstücks. Mit dieser Wortwahl soll zum Ausdruck gebracht werden, dass es nicht mehr entscheidend auf die formell ordnungsgemäße Zustellung des Schriftstücks ankommen soll, wenn formale Zustellungsfehler für die Wahrnehmung der Rechte des Adressaten ohne Bedeutung waren[56]. Hat der Zustellungsempfänger das Schriftstück tatsächlich erhalten, so ist von einer wirksamen „Zustellung" auch dann auszugehen, wenn die Zustellungsregeln (etwa des Haager Übereinkommens über die Zustellung gerichtlicher und außergerichtlicher Schriftstücke im Ausland in Zivil- und Handelssachen – HZÜ – v. 15.11.1965) nicht beachtet worden sind[57]. Der Empfänger der „Mitteilung" soll aus technischen Fehlern bei der Zustellung keinen Nutzen mehr ziehen können. Keine ordnungsgemäße Mitteilung liegt dagegen vor, wenn der Adressat als Folge des Mangels keine Möglichkeit hatte, seine Rechte wahrzunehmen, etwa wenn das Schriftstück ihm vom Antragsteller nur mündlich mitgeteilt worden ist oder in einer für ihn nicht verständlichen Sprache geschrieben ist[58]. 53

Ein Zustellungsmangel hindert die Anerkennung der ausländischen Entscheidung aber nur dann, wenn sich der Zustellungsadressat hierauf beruft und sich auf das ausländische Verfahren auch nicht eingelassen hat. Wenn eine Partei zum Ausdruck bringt, dass sie das ausländische Scheidungsurteil trotz etwaiger Zustellungsmängel gegen sich gelten lassen wolle, so liegt darin ein wirksamer Verzicht auf den Schutz des § 109 I Nr. 2 FamFG[59]. 54

Ist beispielsweise eine Ehefrau von ihrem Ehegatten lediglich mündlich informiert worden, dass er vor einem türkischen Gericht einen Scheidungsantrag gestellt habe, ist sie dann aber zu dem angekündigten Termin erschienen und hatte dabei die Gelegenheit, sich zu dem Scheidungsantrag 55

---

55 BayObLG FamRZ 2005, 638, 923.
56 Vgl. *Roth*, Zur verbleibenden Bedeutung der ordnungsgemäßen Zustellung bei Art. 34 Nr. 2 EuGVVO, IPRax 2008, 501; *Geimer* in: Geimer/Schütze (Fn. 9), Art. 34 EuGVVO Rdnr. 91.
57 *Geimer*, aaO, Rdnr. 93; s. auch – zur mangelhaften Zustellung eines Versäumnisurteils – EuGH IPRax 2008, 519.
58 OLG München, FamRZ 2012, 1512; *Roth*, IPRax 2008, 501.
59 BGH FamRZ 1990, 1100; BayObLG FamRZ 2002, 1637; OLG Bremen FamRZ 2004, 1975.

zu äußern, so kann sie sich nicht später auf eine fehlende Einlassungsmöglichkeit berufen[60].

56 Nach § 109 I Nr. 3 FamFG ist die Anerkennung ausgeschlossen, wenn die Entscheidung mit einer hier erlassenen oder anzuerkennenden früheren ausländischen Entscheidung oder wenn das ihr zugrunde liegende Verfahren mit einem früher hier rechtshängig gewordenen Verfahren **unvereinbar** ist[61]. Über den Zeitpunkt der Rechtshängigkeit der beiden Verfahren entscheidet jeweils die lex fori des betreffenden Gerichts (s.o. Rdnr. 24)[62].

57 Am deutschen **ordre public** (§ 109 I Nr. 4 FamFG) wird die Anerkennung einer gerichtlichen Scheidung nur selten scheitern. Schwere Verfahrensmängel können jedoch auch zu einer Verweigerung der Anerkennung nach § 109 I Nr. 4 FamFG führen. Auf die Verbürgung der Gegenseitigkeit (§ 109 IV FamFG) kommt es bei Scheidungsurteilen nicht an.

58 Im Fall einer – ausländischen – **Privatscheidung** beurteilte man deren Wirksamkeit früher nach dem von Art. 17 EGBGB bezeichneten Recht. Nunmehr stattdessen die Rom III-VO anzuwenden, ist auf Bedenken gestoßen. Der EuGH hat auf einen Vorlagebeschluss des OLG München (FamRZ 2015, 1613) erklärt, die Rom III-VO sei nicht anwendbar, weil sie nur das anwendbare Recht regle, nicht die Anerkennung einer bereits ergangenen Entscheidung. Im Übrigen sei er nicht zuständig, weil die Brüssel IIa-VO, die von der Anerkennung ausländischer Ehescheidungen handle, für die Anerkennung von Entscheidungen aus einem nicht der EU angehörenden Staat (hier: Syrien) nicht gelte[63]. Die Frage des vorlegenden Gerichts, wie im Fall einer Privatscheidung verfahren werden sollte, blieb damit unbeantwortet. Offensichtlich hatte der EuGH die Frage nicht verstanden. Das OLG hat darum in einem zweiten Vorlagebeschluss seine Frage präzisiert (FamRZ 2016, 1363 = IPRax 2017, 92). Die Antwort des EuGH darauf steht noch aus.

59 Bis zu dieser neuen zu erwartenden Entscheidung sind verschiedene Verfahrensweisen denkbar. Zum einen könnten Ehescheidungen unter Beteiligung einer Behörde einer gerichtlichen Ehescheidung gleichgestellt werden, wenn die jeweiligen Scheidungsvoraussetzungen von der Behörde geprüft worden sind, auch wenn der konstitutive Akt selbst in der Erklärung der Ehegatten gesehen wird und die Behörde diese Erklärung lediglich entgegengenommen hat. Bei dieser Vorgehensweise würden die bisher

---

60 OLG Karlsruhe FamRZ 2014, 791; *Prütting/Helms/Hau*, § 109 FamFG Rdnr. 36.
61 Ausführlich dazu *Gruber*, Die „ausländische Rechtshängigkeit" bei Scheidungsverfahren, FamRZ 1999, 1563, 1567.
62 Übersehen vom OLG München FamRZ 2017, 131, m. Anm. *Gruber.*
63 EuGH FamRZ 2016, m. Anm. *Helms.*

als Privatscheidungen behandelten Ehescheidungen durch Erklärung gegenüber dem Standesbeamten oder Notar oder durch eine anwaltsunterstützte Vereinbarung, die dem Standesbeamten übermittelt wird (wie z.B. in Italien, Spanien oder Frankreich möglich) einer gerichtlichen Ehescheidung gleichgestellt und wären dann im Geltungsbereich der Brüssel IIa-VO ohne Weiteres anzuerkennen[64]. Außerhalb des Geltungsbereichs der Brüssel IIa-VO würden sich die Voraussetzungen ihrer Anerkennung nach § 109 FamFG richten. Hält man dagegen an der bisher herrschenden Auffassung fest, dass Ehescheidungen ohne konstitutive Mitwirkung einer Behörde Privatscheidungen sind, deren Wirksamkeit nach dem anwendbaren Recht zu beurteilen ist, stellt sich die Frage nach der Anwendbarkeit der Rom III-VO. Nach dieser Verordnung könnten z.B. Ehescheidungen nach dem Recht des Staates, in dem die Ehegatten bei Einschaltung der Behörde ihren gewöhnlichen Aufenthalt hatten (Art. 8 lit. a der VO) oder – bei entsprechender Rechtswahl – dessen Staatsangehörigkeit einer der Ehegatten besitzt (Art. 5 I lit. c der VO), als wirksam angesehen werden. Auch dies würde z.B. bei italienischen oder spanischen „Privatscheidungen" deren Anerkennung ermöglichen. Probleme gäbe es, wenn das anwendbare Recht in Scheidungssachen Männer und Frauen ungleich behandelt wie z.B. in den islamischen Staaten oder bei Geltung jüdischen Rechts. Art. 10 Rom III-VO untersagt die Anwendung eines solchen Rechts. Ob er auch die Anerkennung einer nach einem solchen Recht erfolgten Ehescheidung verbietet, ist umstritten.

Hier wird zum Teil dafür plädiert, Art. 10 der Rom III-VO nur in Inlandsfällen bei der Ermittlung des anwendbaren Rechts anzuwenden, nicht aber im Fall einer Ehescheidung im Ausland[65]. Eine Gegenmeinung hält die Anwendung von Art. 10 auch dann in jedem Fall für geboten, wenn es um die Frage der Anerkennung einer ausländischen Ehescheidung geht[66]. Die noch immer h.M. will Art. 10 zwar nicht ausschließen, wohl aber einschränkend interpretieren. Er soll nur dann eingreifen, wenn im konkreten Einzelfall die Frau diskriminiert wird, also nicht, wenn die Frau selbst die Scheidung begehrt oder mit der erfolgten Ehescheidung einverstanden ist[67].

60

---

64 Dafür z.B. *Pika/Weller*, IPRax 2017, 65, 71.
65 *Heiderhoff*, IPRax 2017, 163.
66 *Weller/Hauber/Schulz*, IPRax 2016, 123.
67 Vgl. OLG München, IPRax 2017, 92, 95, mit zahlreichen Nachweisen.

4. Zustellung im Ausland

61 Das Scheidungsverfahren wird durch Einreichung der Antragsschrift anhängig. Rechtshängig wird die Scheidungssache in Deutschland mit Zustellung der Antragsschrift an den Antragsgegner. Die Zustellung im Inland ist i.d.R. unproblematisch. Muss die Zustellung im Ausland erfolgen, so verweist § 183 I ZPO auf die bestehenden völkerrechtlichen Vereinbarungen. Für Zustellungen in EU-Mitgliedstaaten gilt vorrangig (vgl. § 183 V ZPO) die VO Nr. 1393/2007 über die Zustellung gerichtlicher und außergerichtlicher Schriftstücke in Zivil- und Handelssachen in den Mitgliedstaaten v. 13.11.2007 (EuZVO)[68]. Aufgrund eines Abkommens zwischen der EG und Dänemark v. 19.10.2005 ist die EuZVO auch im Verhältnis zu Dänemark anzuwenden. Für Zustellungen außerhalb der EU-Mitgliedstaaten ist das Haager Übereinkommen v. 15.11.1965 über die Zustellung gerichtlicher und außergerichtlicher Schriftstücke im Ausland in Zivil- und Handelssachen (HZÜ) die wichtigste Rechtsquelle[69]. Daneben kommen noch das Haager Übereinkommen v. 1.3.1954 über den Zivilprozess[70] sowie einige bilaterale Rechtshilfeverträge[71] in Betracht.

a) Zustellung in den Mitgliedstaaten der Europäischen Union

62 Soll die Antragsschrift in einem der Mitgliedstaaten der Europäischen Union zugestellt werden, richtet sich die Zustellung nach der EuZVO.

Zur Art und Weise der Zustellung heißt es in Art. 14 EuZVO:

Jedem Mitgliedstaat steht es frei, Personen, die ihren Wohnsitz in einem anderen Mitgliedstaat haben, gerichtliche Schriftstücke unmittelbar durch Postdienst per Einschreiben mit Rückschein oder gleichwertigem Beleg zustellen zu lassen.

63 Von dieser Möglichkeit hat die Bundesrepublik Gebrauch gemacht. Nach § 1068 I ZPO genügen zum Nachweis der Zustellung nach Art. 14 I EuZVO der Rückschein oder der gleichwertige Beleg.

---

68 Zum Verhältnis des § 184 ZPO zur EuZVO (fiktive Zustellung) vgl. EuGH IPRax 2013, 157 sowie *Heinze*, IPRax 2013, 132.

69 Zu den Vertragsstaaten (u.a. die Türkei, die Vereinigten Staaten, Albanien, Belarus, Bosnien und Herzegowina, Mazedonien, Norwegen, die Russische Föderation, die Schweiz, Serbien und die Ukraine) s. die Übersicht in *Jayme/Hausmann*, Internationales Privat- und Verfahrensrecht, Nr. 211.

70 Geltung u.a. für Zustellungen in der Mongolei oder in Kasachstan. S. die Übersicht in *Jayme/Hausmann*, Nr. 210.

71 So im Verhältnis zu den meisten ehemaligen britischen Dominions und Kolonien – z.B. für Nigeria, Malaysia und Neuseeland – auf der Grundlage des Deutsch-Britischen Abkommens über den Rechtshilfeverkehr v. 20.3.1928.

b) Zustellung in den Vertragsstaaten des HZÜ

§ 183 ZPO sieht drei Formen der Zustellung im Ausland vor: 64

– die Zustellung durch Einschreiben mit Rückschein, soweit aufgrund völkerrechtlicher Vereinbarungen Schriftstücke unmittelbar durch die Post übersandt werden dürfen,

– die Zustellung auf Ersuchen des Vorsitzenden des Prozessgerichts durch die Behörden des fremden Staates oder durch die diplomatische oder konsularische Vertretung des Bundes, die in diesem Staat residiert, sowie

– die Zustellung auf Ersuchen des Vorsitzenden des Prozessgerichts durch die zuständige Auslandsvertretung an einen Deutschen, der das Recht der Immunität genießt und zu einer Vertretung der Bundesrepublik Deutschland im Ausland gehört.

Die einfachste Form der Zustellung, nämlich die Zustellung durch 65 **Einschreiben mit Rückschein**, setzt eine entsprechende völkerrechtliche Vereinbarung voraus. In Betracht kommt hier vor allem das bereits erwähnte Haager Zustellungsübereinkommen (HZÜ). Das HZÜ lässt die Übersendung durch die Post grundsätzlich zu, allerdings nur dann, wenn der Bestimmungsstaat keinen Widerspruch erklärt hat (Art. 10 HZÜ). Die Bundesrepublik hat einen solchen Widerspruch erklärt. Darum sind Zustellungen aus dem Ausland nach Deutschland auf dem Postweg nicht wirksam, wohl aber z.B. Zustellungen aus der Bundesrepublik nach Israel, da Israel als Vertragsstaat des HZÜ keinen Widerspruch gegen die Übersendung durch die Post erklärt hat. Keinen Widerspruch haben auch die USA erklärt[72]. Eine Übersicht über die Vertragsstaaten, die ebenso wie Deutschland einen Widerspruch erklärt haben, findet sich bei *Jayme/Hausmann*, Internationales Privat- und Verfahrensrecht, Nr. 211, HZÜ, Fn. 8.

Scheidet eine Zustellung durch die Post aus, bleibt nur die Zustellung 66 durch Rechtshilfeersuchen oder auf diplomatischem oder konsularischem Weg (§ 183 II ZPO). Das Rechtshilfeersuchen ist nach Art. 3 HZÜ an die – von jedem Vertragsstaat benannte – Zentrale Behörde zu richten. Der Antrag hat dem dem Übereinkommen als Anlage beigefügten Muster zu entsprechen. Dem Antrag ist das gerichtliche Schriftstück oder eine Abschrift davon beizufügen. Die Zustellung wird dann von der Zentralen Behörde des ersuchten Staates bewirkt oder veranlasst (Art. 5 HZÜ).

Zur **Heilung eines Zustellungsmangels** bei Auslandszustellungen 67 gem. § 189 ZPO vgl. BGH FamRZ 2011, 1860.

---

72 Zur Zustellung in den USA vgl. *Nagel/Gottwald*, § 8 Rdnr. 118 ff.

c) Zustellung nach dem Haager Übereinkommen über den Zivilprozess

68 Soll die Zustellung in Staaten erfolgen, die weder der EU angehören, noch Vertragsstaaten des HZÜ, wohl aber Vertragsstaaten des Haager Übereinkommens über den Zivilprozess von 1954 sind, so geschieht die Zustellung mit Hilfe der Konsuln, kann aber auch durch die Post erfolgen, wenn diese Möglichkeit durch ein Abkommen zwischen den beteiligten Staaten eingeräumt worden ist (so im Verhältnis zu Marokko) oder der Staat, in dem die Zustellung erfolgen soll, dieser Zustellungsart nicht widersprochen hat (Art. 6 HZPÜ). Die Zustellung wird auf Antrag bewirkt, der von dem Konsul des ersuchenden Staates an die von dem ersuchten Staat zu bezeichnende Behörde gerichtet wird (Art. 1 I des Übereinkommens). Im Verhältnis zu einigen Vertragsstaaten ist der Antrag auf Zustellung auf diplomatischem Wege an den Empfangsstaat zu richten (Art. 1 III des Übereinkommens). Eine Übersicht über die Vertragsstaaten findet sich bei *Jayme/Hausmann*, Internationales Privat- und Verfahrensrecht, Nr. 210.

d) Zustellung in Staaten, mit denen keine völkerrechtlichen Vereinbarungen über die Zustellung bestehen

69 Hier steht von vornherein fest, dass keine Zustellung nach § 183 I ZPO in Frage kommt. In solchen Fällen kann darum nur nach § 183 II oder III ZPO verfahren werden[73].

5. Anwendbares Recht

a) Materielles Recht

(1) Von Art. 17 Abs. 1 EGBGB zur Rom III-VO

70 Nach welchem Recht eine Ehe zu scheiden war, ergab sich bis zum 20.6.2012 aus Art. 17 EGBGB i.V.m. Art. 14 EGBGB: Maßgebend war das Recht, das im Zeitpunkt der Rechtshängigkeit des Scheidungsantrags für die allgemeinen Wirkungen der Ehe galt. Das war in erster Linie das gemeinsame Heimatrecht der Ehegatten oder das letzte gemeinsame Heimatrecht, wenn einer von ihnen eine andere Staatsangehörigkeit oder – z.B. als Flüchtling oder Asylberechtigter – ein anderes Personalstatut erworben hatte. Bei Ehegatten unterschiedlicher Staatsangehörigkeit sollte

---

[73] Vgl. zum Ganzen *Stadler*, Die Reform des deutschen Zustellungsrechts und ihre Auswirkungen auf die internationale Zustellung, IPRax 2002, 471; *Schmidt*, Parteizustellung im Ausland durch Einschreiben mit Rückschein – ein gangbarer Weg?, IPRax 2004, 13.

das Recht des Staates gelten, in dem sie beide ihren gewöhnlichen Aufenthalt hatten oder während der Ehe zuletzt hatten, wenn einer von ihnen diesen Aufenthalt beibehalten hatte. Hilfsweise sollte das Recht des Staates gelten, mit dem die Ehegatten auf andere Weise gemeinsam am engsten verbunden waren. Eine eventuelle Rückverweisung durch die Kollisionsnormen des Scheidungsstatuts war zu berücksichtigen (Art. 4 EGBGB). Ehegatten unterschiedlicher Staatsangehörigkeit konnten das Ehescheidungsstatut auch durch Rechtswahl bestimmen: Wählbar war allerdings nur das Heimatrecht eines von ihnen und dies auch nur dann, wenn kein Ehegatte dem Staat angehörte, in dem beide Ehegatten ihren gewöhnlichen Aufenthalt hatten, oder die Ehegatten ihren gewöhnlichen Aufenthalt nicht in demselben Staat hatten (Art. 14 III EGBGB).

In anderen Staaten galten andere Kollisionsnormen. So richtete sich z.B. in Frankreich die Ehescheidung nicht nur dann nach französischem Recht, wenn beide Ehegatten Franzosen waren, sondern auch dann, wenn beide ihren Wohnsitz in Frankreich hatten. In Belgien wurde sogar primär an das Recht des Staates angeknüpft, in dem beide Ehegatten ihren (letzten) gewöhnlichen Wohnort hatten und nur hilfsweise an das gemeinsame Heimatrecht. In Slowenien wurden bei unterschiedlicher Staatsangehörigkeit der Ehegatten ihre beiden Heimatrechte kumulativ angewandt. Dieser Rechtszustand wurde zunehmend als unbefriedigend empfunden, insbesondere nachdem durch die Brüssel II-VO einheitliche Regelungen für die internationale Zuständigkeit in Scheidungssachen geschaffen worden waren. 71

Nachdem ein erster Versuch, europaweit ein einheitliches Scheidungskollisionsrecht zu schaffen, gescheitert war, kam es im Wege einer „Verstärkten Zusammenarbeit" (Art. 326 ff. AEUV) zwischen nunmehr 17 Mitgliedstaaten der EU[74] zu der nur für diese geltenden sog. Rom III-VO (Verordnung (EG) Nr. 1259/2010 des Rates v. 20.12.2010 zur Durchführung einer Verstärkten Zusammenarbeit im Bereich des auf die Ehescheidung und Trennung ohne Auflösung des Ehebandes anzuwendenden Rechts, ABl. EU 29.12.2010, L 343/10), durch die nunmehr wenigstens eine partielle Vereinheitlichung des Scheidungskollisionsrechts in Europa erreicht worden ist. Das heißt: Wo immer in diesen 17 Staaten ein Antrag auf Ehescheidung gestellt wird, wird er von den zuständigen Gerichten nach demselben Recht beurteilt. 72

Die Rom III-VO ist am 30.12.2011 in Kraft getreten. Sie gilt für alle gerichtlichen Verfahren und Rechtswahlvereinbarungen, die ab dem 21.6.2012 eingeleitet bzw. geschlossen wurden (Art. 18 I Rom III-VO), 73

---

74 Belgien, Bulgarien, Deutschland, Estland, Frankreich, Griechenland, Italien, Lettland, Litauen, Luxemburg, Malta, Österreich, Portugal, Rumänien, Slowenien, Spanien und Ungarn.

unter besonderen Voraussetzungen auch für zuvor geschlossene Rechtswahlvereinbarungen (Art. 18 II, III Rom III-VO). Für die Scheidung iranischer Staatsangehöriger ergibt sich eine Sonderanknüpfung aus dem **deutsch-iranischen Niederlassungsabkommen**[75].

(2) Rechtswahl

74 Primärer Anknüpfungspunkt ist nach der Rom III-VO das von den Eheleuten gewählte Recht. Es wird damit der auch ansonsten zu beobachtende Trend bestätigt, der Parteiautonomie auch im internationalen Familienrecht größeren Raum einzuräumen. In der Praxis dürfte die Wahl des Scheidungsstatuts allerdings nicht die Regel, sondern eher die – seltene – Ausnahme sein. Ehegatten, selbst solche, die einen Ehevertrag schließen, pflegen nicht schon bei der Eheschließung oder während einer intakten Ehe vorsorglich auch das auf eine spätere mögliche Ehescheidung anzuwendende Recht zu bestimmen. Ausnahmen sind bei Ehegatten denkbar, die mit der Möglichkeit eines längeren Aufenthalts in einem Staat rechnen, dessen Scheidungsregelungen sie nicht akzeptieren wollen. Eine solche Rechtswahl allein vermag allerdings die Ehegatten nicht davor zu schützen, doch in dem Staat ihres gewöhnlichen Aufenthalts nach dessen Recht geschieden zu werden, dann nämlich, wenn dieser Staat die Möglichkeit einer Rechtswahl nicht anerkennt.

75 Praktische Relevanz dürfte die Rechtswahl am ehesten in den Fällen erlangen, in denen sie nicht vorsorglich, sondern für eine akut beabsichtigte Scheidung erfolgt. Müsste das angerufene Gericht auf die Scheidung ein fremdes Recht anwenden, so kann – insbesondere wenn beide Ehegatten geschieden werden wollen – die Wahl der lex fori das Verfahren beschleunigen und die Kosten für eine eventuell einzuholende Rechtsauskunft über das ausländische Scheidungsrecht ersparen.

76 Im Einzelnen sieht Art. 5 I Rom III-VO folgende Wahlmöglichkeiten vor: Wählbar ist

– das Recht des Staates, in dem die Ehegatten z.Zt. der Rechtswahl ihren gewöhnlichen Aufenthalt haben,

– das Recht des Staates, in dem die Ehegatten zuletzt ihren gewöhnlichen Aufenthalt hatten, sofern einer von ihnen im Zeitpunkt der Rechtswahl dort noch seinen gewöhnlichen Aufenthalt hat,

---

75 RGBl. 1930 II S. 1006, BGBl. 1955 II S. 829. Dass die Rom III-VO das Übereinkommen unberührt lässt, ergibt sich aus Art. 19 I Rom III-VO. Zur Ehescheidung iranischer Eheleute s. im Übrigen BGH FamRZ 2004, 1952, m. Anm. *Henrich*, OLG Celle FamRZ 2012, 383, OLG Hamm FamRZ 2012, 1498, m. Anm. *Henrich*, sowie *Rauscher*, Iranrechtliche Scheidung auf Antrag der Ehefrau vor deutschen Gerichten, IPRax 2005, 313. Insbesondere zur Scheidung wegen Unterhaltsverweigerung s. auch OLG Koblenz FamRZ 2009, 611.

- das Recht des Staates, dessen Staatsangehörigkeit einer der Ehegatten zum Zeitpunkt der Rechtswahl besitzt,
- das Recht des Staates des angerufenen Gerichts.

Gem. Art. 4 Rom III-VO ist das von den Ehegatten gewählte Recht auch dann anzuwenden, wenn es nicht das Recht eines der teilnehmenden Mitgliedstaaten der EU ist. Hier ist zu beachten, dass durch eine solche Rechtswahl nicht eine Privatscheidung in Deutschland ermöglicht werden kann: Nach wie vor gilt, dass eine Ehe in Deutschland nur durch ein Gericht geschieden werden kann (Art. 17 II EGBGB). Darüber hinaus verbietet Art. 10 Rom III-VO die Anwendung eines Rechts, das einem der Ehegatten aufgrund seiner Geschlechtszugehörigkeit keinen gleichberechtigten Zugang zur Ehescheidung gewährt, Männer und Frauen also ungleich behandelt. Das ist bekanntlich im islamischen und im jüdischen Recht der Fall. Ob hier Art. 10 Rom III-VO die Wahl eines solchen Rechts ausschließt oder in einschränkender Interpretation von Fall zu Fall zu prüfen ist, ob tatsächlich die Frau diskriminiert wird, ist umstritten. Je nachdem, welcher Interpretation der Richter zuneigt, wird er die Wahl für unzulässig halten oder, etwa weil gerade die Frau einen guten Grund hat, nach dem religiösen Recht geschieden zu werden, die Rechtswahl zulassen[76]. 77

Nach Art. 5 II Rom III-VO kann eine **Rechtswahlvereinbarung jederzeit**, spätestens jedoch zum Zeitpunkt der Anrufung des Gerichts, geschlossen oder geändert werden. Art. 5 III Rom III-VO räumt aber dem nationalen Gesetzgeber die Möglichkeit ein, eine Rechtswahl auch im Lauf des Verfahrens zuzulassen. Von dieser Möglichkeit hat der deutsche Gesetzgeber Gebrauch gemacht (Art. 46d II EGBGB). Ehegatten, die geschieden werden wollen, aber erst nach Eröffnung des Scheidungsverfahrens feststellen, dass das anwendbare Recht eine Scheidung – noch – nicht zulässt, haben es damit in der Hand, durch die Wahl eines die Scheidung ermöglichenden Rechts – in der Regel der lex fori – die Abweisung ihres Scheidungsantrags zu verhindern. Auch der Hinweis des Gerichts, es müsse für die Ermittlung des anwendbaren Rechts eine Rechtsauskunft eingeholt werden, kann die Ehegatten veranlassen, die Geltung der lex fori zu vereinbaren. Die Rechtswahl kann bis zum Schluss der mündlichen Verhandlung im ersten Rechtszug vorgenommen werden. 78

Rechtswahlvereinbarungen bedürfen nach Art. 46d I EGBGB der **notariellen Beurkundung**. Im Fall einer Rechtswahl im Lauf des gerichtli- 79

---

76 Für Unzulässigkeit der Wahl: *Weller/Hauber/Schulz*, IPRax 2016, 123, 129; *Heiderhoff*, IPRax 2017, 160, 163; für eine konkrete Ergebniskontrolle: *Helms*, FamRZ 2011, 1765, 1771; *ders.*, IPRax 2014, 334, 335; *Palandt/Thorn*, (IPR) Rom III Rdnr. 4 mit zahlreichen weiteren Hinweisen; s. auch unten Rdnr. 82.

chen Verfahrens ersetzt die gerichtliche Protokollierung die notarielle Beurkundung (Art. 46d II EGBGB i.V.m. § 127a BGB). Hat kein Ehegatte seinen gewöhnlichen Aufenthalt im Inland, so genügt gem. Art. 7 I Rom III-VO die Schriftform (mit Datierung und Unterzeichnung durch beide Ehegatten), falls sich nicht aus Art. 7 III und IV der Rom III-VO etwas anderes ergibt. Diese Absätze regeln die Fälle, in denen die Ehegatten zum Zeitpunkt der Rechtswahl ihren gewöhnlichen Aufenthalt in verschiedenen Staaten haben. Art. 46d I EGBGB beruht auf der Ermächtigung in Art. 7 II und IV der Rom III-VO.

80 Im Übrigen werden durch das Schriftformerfordernis (erst recht durch die notarielle Beurkundung) zusammen mit der Unterschrift **stillschweigende oder konkludente Rechtswahlvereinbarungen** ausgeschlossen[77]. Eine Rechtswahlvereinbarung kann also nicht schon daraus abgeleitet werden, dass ein Ehegatte seinen Scheidungsantrag auf die Vorschriften eines bestimmten Rechts gestützt und der andere Ehegatte dem nicht widersprochen hat. Wenn dagegen die Ehegatten vor dem 21.6.2012 das allgemeine Ehewirkungsstatut durch Rechtswahl bestimmt haben (Art. 14 III, IV EGBGB), schließt diese Rechtswahl, wenn sie die Voraussetzungen nach den Art. 6 und 7 Rom III-VO erfüllt (vgl. Art. 18 I S. 2 Rom III-VO; davon kann angesichts der in Art. 14 IV EGBGB vorgeschriebenen notariellen Beurkundung regelmäßig ausgegangen werden), weiterhin, wie bisher, die Wahl des auf die Scheidung anwendbaren Rechts ein.

81 Rechtswahlvereinbarungen unterliegen einer doppelten **Inhaltskontrolle**: Die Vorschriften des gewählten Rechts dürfen nicht dem deutschen ordre public widersprechen und vor allen Dingen auch nicht der besonderen ordre public-Norm des Art. 10 Rom III-VO.

Nach Art. 10 Rom III-VO ist dann, wenn das gewählte Recht eine Ehescheidung nicht vorsieht oder einem der Ehegatten aufgrund seiner Geschlechtszugehörigkeit keinen gleichberechtigten Zugang zur Ehescheidung oder Trennung ohne Auflösung des Ehebandes gewährt, das Recht des Staates des angerufenen Gerichts anzuwenden. Heiratet beispielsweise ein Deutscher eine Philippinin und vereinbaren die Eheleute bei der Eheschließung die Geltung des (philippinischen) Heimatrechts der Frau als Scheidungs- und Trennungsstatut, so kann diese Ehe, die nach philippinischem Recht nur gerichtlich getrennt, aber nicht geschieden werden könnte, gem. Art. 10 Rom III-VO von einem deutschen Gericht nach deutschem Recht geschieden werden. Das gleiche gilt, wenn – z.B. – katholische Syrer (oder Angehörige eines anderen – islamischen – Staates, in dem die Scheidungsmöglichkeit nach der Religionszugehörigkeit der Ehegatten

---

77 OLG Hamm FamRZ 2016, 1926; *Helms*, FamRZ 2011, 1768; *ders.*, IPRax 2014, 334; a.A. OLG Hamm IPRax 2014, 349; *Gruber*, IPRax 2012, 387.

beurteilt wird), die in ihrer Heimat oder in Deutschland vor dem Standesbeamten und einem katholischen Geistlichen geheiratet haben, die Geltung syrischen Rechts vereinbart haben. Weil nach dem interpersonal maßgeblichen religiösen (kanonischen) Eherecht eine Scheidung nicht möglich ist, tritt an die Stelle dieses Rechts, wenn ein Scheidungsantrag in Deutschland gestellt wird, das deutsche Recht[78].

Zu Zweifelsfragen kann die zweite Alternative des Art. 10 III-VO führen, wonach das Recht des angerufenen Staates auch dann maßgebend ist, wenn das gewählte Recht einem der Ehegatten **aufgrund seiner Geschlechtszugehörigkeit keinen gleichberechtigten Zugang zur Ehescheidung** gewährt. Da insbesondere die islamischen Rechte bekanntlich das Verstoßungsrecht (talaq-Scheidung) nur dem Mann einräumen, nicht auch der Frau, könnte dies zu der Annahme verleiten, dass bei jeglicher Wahl eines islamisch geprägten Rechts die Ehe nach deutschem Recht zu scheiden ist. Dieselbe Problematik ergibt sich bei Wahl israelischen Rechts, da nach diesem die Ehe nur dadurch geschieden werden kann, dass der Mann der Frau den Scheidebrief (get) übergibt. Hier ist indessen eine einschränkende Auslegung geboten. Wie bei Verstößen gegen den allgemeinen ordre public kommt es auch hier auf das Ergebnis der Anwendung des ausländischen Rechts an[79]. Wird der Frau die von ihr angestrebte Scheidung versagt, weil das gewählte Recht nur dem Mann, nicht auch der Frau die Möglichkeit einer Verstoßung einräumt und die Frau auch aus keinem anderen Grund die Scheidung erreichen kann, liegt ein Fall des Art. 10 Rom III-VO vor. Steht andererseits der Frau unstreitig ein Scheidungsgrund zu, z.B. weil der Ehemann seiner Unterhaltspflicht nicht nachgekommen ist oder – was häufig geschieht – der Mann sie ermächtigt hat, von seinem Verstoßungsrecht Gebrauch zu machen (sich also im Namen ihres Mannes zu verstoßen), besteht kein Anlass, das gewählte Recht nicht anzuwenden, weil die Scheidungsgründe für den Mann und die Frau nicht dieselben sind[80]. Dasselbe dürfte gelten, wenn die Frau der Scheidung ausdrücklich zustimmt. Dass es gute Gründe gibt, an dem gewählten Recht festzuhalten, zeigt insbesondere das Beispiel des jüdisch-israelischen Rechts. Käme es hier zu einer sofortigen Anwendung des deutschen Rechts, wenn ein Ehegatte vor einem deutschen Gericht den Scheidungsantrag stellen würde, so bestünde für den Ehemann keine Veranlassung, der Frau den Scheidebrief zu übergeben. Die Folge davon wäre, dass die Frau nach jüdischem Recht weiterhin als verheiratet angesehen würde und sie damit keine nach religiösem Recht wirksame neue Ehe eingehen könnte.

82

---

78 So schon nach bisherigem Recht BGH FamRZ 2007, 109, m. Anm. *Henrich.*
79 *Helms*, FamRZ 2011, 1772; zweifelnd *Gruber*, IPRax 2012, 391; zum Streitstand s.o. Fn. 76.
80 OLG Hamm IPRax 2014, 349, 354, m. Anm. *Helms*, S. 334.

83 Neben Art. 10 Rom III-VO bleibt für den **allgemeinen ordre public-Vorbehalt** (Art. 12 Rom III-VO) nur noch wenig Raum. Bloße Erschwerungen der Scheidung verglichen mit dem deutschen Recht, insbesondere durch längere Trennungsfristen, sind nach der Rechtsprechung des BGH hinzunehmen. Nur dann, wenn das ausländische Recht Scheidungen zwar grundsätzlich zulässt, aber von Voraussetzungen abhängig macht, durch die das Grundrecht auf Eheschließungsfreiheit verletzt wird, z.B. eine Scheidung nur aus Verschulden des anderen Teils zulässt und damit auch die Scheidung einer unheilbar zerrütteten Ehe gänzlich ausschließt, wenn dem anderen Teil kein Schuldvorwurf gemacht werden kann, verspricht die Berufung auf den deutschen ordre public Erfolg.

(3) Anknüpfung in Ermangelung einer Rechtswahl

84 Haben die Ehegatten keine Rechtswahl getroffen, ergibt sich das auf die Ehescheidung oder gerichtliche Trennung anwendbare Recht aus Art. 8 Rom III-VO. Die wichtigste Neuerung gegenüber dem bisherigen Rechtszustand (primär Anknüpfung an die gemeinsame oder letzte gemeinsame Staatsangehörigkeit der Ehegatten: Art. 17 I i.V.m. Art. 14 I EGBGB) ist die **primäre Anknüpfung an den gewöhnlichen Aufenthalt der Ehegatten** zum Zeitpunkt der Anrufung des Gerichts (**Art. 8 lit. a Rom III-VO**). Dieser Paradigmenwechsel entspricht dem im Bereich der EU allgemein zu beobachtenden Trend, die Anknüpfung an die Staatsangehörigkeit im internationalen Familienrecht durch die Anknüpfung an den gewöhnlichen Aufenthalt zu ersetzen[81]. In einem „Raum der Freiheit, der Sicherheit und des Rechts, in dem der freie Personenverkehr gewährleistet ist" (Erwägungsgrund 1 der Rom III-VO) sollte es den in diesem Raum lebenden Personen möglich sein, am Ort ihres gewöhnlichen Aufenthalts problemlos eine Ehescheidung zu erwirken, die automatisch in jedem anderen Mitgliedstaat anerkannt wird. Dieses Ziel wurde durch die Rom III-VO zwar nicht erreicht, weil nicht alle Mitgliedstaaten der EU bereit waren, dem Vorschlag der EU-Kommission zu folgen. Aber die partielle Vereinheitlichung des Scheidungsstatuts in den 17 Mitgliedstaaten, die sich für die verstärkte Zusammenarbeit entschieden haben, ist ein wichtiger und begrüßenswerter Schritt in Richtung auf das erstrebte Ziel.

85 Die primäre Anknüpfung an das Recht am gewöhnlichen Aufenthalt der Eheleute ist die Konsequenz der Brüssel IIa-VO, die die internationale Zuständigkeit in Ehescheidungs- und Trennungssachen an erster Stelle den Gerichten des Staates übertragen hat, in dem zumindest ein Ehegatte

---

81 Vgl. *Henrich*, Abschied vom Staatsangehörigkeitsprinzip?, FS Stoll (2001), 437, abgedruckt auch in: *Henrich*, Deutsches, ausländisches und internationales Familien- und Erbrecht, Bd. 10 der Beiträge zum europäischen Familienrecht (2006), 357.

seinen gewöhnlichen Aufenthalt hat. Die Ehe soll dort geschieden werden, wo sie tatsächlich gelebt worden ist, und zwar in Anwendung des dort geltenden Rechts. Das entspricht auch regelmäßig dem Interesse der Ehegatten, weil dadurch das Verfahren nicht nur beschleunigt wird – die Ermittlung ausländischen Rechts kostet Zeit –, sondern auch die Kosten für die Einholung von Gutachten vermieden werden.

Der gewöhnliche Aufenthalt der Ehegatten wird sich in der Regel ohne Schwierigkeiten feststellen lassen. Probleme ergeben sich nur in den Fällen eines Wechsels des gewöhnlichen Aufenthalts, wenn es um die Feststellung geht, ob die Ehegatten bereits einen gewöhnlichen Aufenthalt in Deutschland erworben oder trotz Umzugs ins Ausland noch nicht verloren haben. Zwar kann man davon ausgehen, dass Ehegatten nicht sogleich nach ihrer gemeinsamen Übersiedlung nach Deutschland geschieden werden wollen oder trotz ihres Umzugs ins Ausland noch immer bei einem deutschen Gericht den Scheidungsantrag stellen werden. Problematisch sind hier nur die Fälle, in denen Ehegatten an ihrem derzeitigen Wohnort nur für eine bestimmte Zeit bleiben wollen. Hier gilt die Faustregel: Ist der Aufenthalt in Deutschland von vornherein zeitlich begrenzt (etwa bei in Deutschland nur kurze Zeit stationierten Mitgliedern ausländischer Streitkräfte oder bei einem Ehepaar, das während der Sommermonate in Deutschland eine Eisdiele betreibt, die Wintermonate aber in Italien verbringt, oder bei einem jungen Paar, das für ein Jahr zum Studium oder als Entwicklungshelfer ins Ausland geht), wird also der derzeitige Aufenthalt von den Eheleuten nur als vorübergehend angesehen, so bleibt der bisherige gewöhnliche Aufenthalt in der Heimat erhalten. Dies gilt auch für ein älteres Ehepaar, das einen Teil des Jahres im Inland verbringt, einen anderen Teil des Jahres in einem Ferienhaus in Italien oder Spanien. Auch wenn sich die Aufenthalte in ihrer Länge gleichen, wird man im Zweifel eher den Wohnort in der Heimat (mit einer nicht aufgegebenen Wohnung) als gewöhnlichen Aufenthalt bezeichnen als den Aufenthalt im Ferienhaus, auch wenn dieses den Eheleuten gehört. Anders ist es, wenn der Aufenthalt mehrere Jahre dauert oder dauern soll (etwa bei Gastarbeitern, die mit ihrer Familie in Deutschland leben, auch wenn sie die Absicht haben, nach einigen Jahren wieder in ihre Heimat zurückzukehren, oder bei Diplomaten, die für mehrere Jahre ins Ausland entsandt werden, oder bei Angestellten einer Firma, die für längere Zeit Aufgaben in einer Niederlassung im Ausland wahrnehmen sollen).

In der Regel setzt die Annahme eines gewöhnlichen Aufenthalts einen Aufenthalt von einer gewissen Zeitdauer voraus. Aber auch dieser Grundsatz gilt nicht uneingeschränkt. Das Gastarbeiterpaar, das nach mehrjährigem Aufenthalt in Deutschland in die Heimat zurückkehrt, hat ab dem Tage des Umzugs seinen gewöhnlichen Aufenthalt nicht mehr in Deutschland. Der Diplomat, der nach mehrjährigem Aufenthalt im Ausland in das deutsche Auswärtige Amt zurückversetzt wird, hat mit der Rückversetzung seinen gewöhnlichen Aufenthalt wieder im Inland. Neben objektiven Elementen sind somit auch subjektive Gründe bei der Bestimmung des gewöhnlichen Aufenthalts zu beachten.

88 Maßgebend für die Feststellung, wo die Eheleute ihren gewöhnlichen Aufenthalt haben, ist der Zeitpunkt der Anrufung des Gerichts. Der Begriff der „Anrufung" wird in der Rom III-VO nicht definiert. Er kann aber aus Art. 16 Brüssel IIa-VO entnommen werden: Ein Gericht gilt als angerufen, wenn die Sache anhängig gemacht worden ist und seitens des Antragstellers alles für eine alsbaldige Zustellung des verfahrenseinleitenden Schriftstücks an den Antragsgegner getan worden ist.

89 Haben die Ehegatten im maßgebenden Zeitpunkt ihren **gewöhnlichen Aufenthalt nicht (mehr) im selben Staat**, so ist Scheidungsstatut das Recht des Staates, in dem die Ehegatten zuletzt ihren gewöhnlichen Aufenthalt hatten, sofern dieser nicht vor mehr als einem Jahr vor Anrufung des Gerichts endete und einer der Ehegatten zum Zeitpunkt der Anrufung des Gerichts dort noch seinen gewöhnlichen Aufenthalt hat (**Art. 8 lit. b Rom III-VO**).

90 Die – hilfsweise – Anknüpfung an das Recht des Staates, in dem beide Ehegatten während der Ehe zuletzt ihren gewöhnlichen Aufenthalt hatten, vorausgesetzt einer von ihnen hat diesen Aufenthalt beibehalten, gab es schon bisher, d.h. vor Inkrafttreten der Rom III-VO (Art. 17 i.V.m. Art 14 Abs. 1 Nr. 2 EGBGB). Neu ist der Zusatz, dass die Aufgabe des gemeinsamen gewöhnlichen Aufenthalts nicht länger als ein Jahr zurückliegen darf. Hat etwa ein Ehepaar gleich welcher Staatsangehörigkeit in Deutschland zusammengelebt und ist ein Ehegatte nach der Trennung in seine – ausländische – Heimat zurückgekehrt, so richtet sich grundsätzlich die in Deutschland beantragte Scheidung weiterhin nach deutschem Recht. Ist allerdings seit der Rückkehr des einen Ehegatten in seine Heimat mehr als ein Jahr vergangen, so kann es zur Anwendung ausländischen Rechts kommen, dann nämlich, wenn **beide Ehegatten dieselbe Staatsangehörigkeit** haben (**Art. 8 lit. c Rom III-VO**). Das gemeinsame Heimatrecht wiegt in diesem Fall stärker als der länger zurückliegende gemeinsame gewöhnliche Aufenthalt. Haben die Ehegatten allerdings **nicht dieselbe Staatsangehörigkeit**, so kommt es wiederum zur Anwendung deutschen Rechts, aber nicht wegen des früheren gemeinsamen gewöhnlichen Aufenthalts der Ehegatten, sondern weil mangels engerer Beziehungen zu einem bestimmten Staat das Gericht berechtigt ist, sein eigenes Recht anzuwenden (**Art. 8 lit. d Rom III-VO**).

91 Dasselbe gilt im umgekehrten Fall, wenn bei einer im Ausland gelebten Ehe ein Ehegatte nach Deutschland zurückkehrt, während der andere Ehe-

gatte den bisherigen gewöhnlichen Aufenthalt beibehält. Hat etwa ein **deutsches Ehepaar** in Italien gelebt und stellt ein Ehegatte nach seiner Rückkehr den Scheidungsantrag, so ist auf die Scheidung grundsätzlich italienisches Recht anzuwenden, weil die Bindung an den Ort, wo die Ehe tatsächlich „gelebt" worden ist, stärker wiegt als die gemeinsame Staatsangehörigkeit. Erst wenn seit der Rückkehr des Ehegatten nach Deutschland mehr als ein Jahr vergangen ist, gewinnt die gemeinsame deutsche Staatsangehörigkeit wieder die Oberhand. Im Fall eines **deutsch-italienischen Ehepaares** verbleibt es ebenfalls zunächst bei der Maßgeblichkeit des italienischen Rechts. Nach Ablauf eines Jahres nach der Trennung ist dann aber deutsches Recht als die lex fori anzuwenden. Übersiedelt im Fall einer gemischt nationalen Ehe nicht der deutsche, sondern der ausländische Ehegatte nach Deutschland, so spielt die Anknüpfung an den letzten gemeinsamen gewöhnlichen Aufenthalt keine Rolle, wenn der „Rückkehrer" den Scheidungsantrag stellt; denn in diesem Fall sind die deutschen Gerichte ohnehin erst zuständig, wenn sich der Antragsteller vor der Antragstellung bereits ein Jahr in Deutschland aufgehalten hat (Art. 3 Abs. 1, 5. Spiegelstrich Brüssel IIa-VO).

Die Anwendung ausländischen Rechts ist in Scheidungs- und Trennungssachen somit zur Ausnahme geworden. **Ausländisches Recht ist nur noch in folgenden Fällen anzuwenden:** 92

– Beide Ehegatten haben den gewöhnlichen Aufenthalt im Ausland, die internationale Zuständigkeit der deutschen Gerichte ergibt sich aus der gemeinsamen deutschen Staatsangehörigkeit der Ehegatten (Art. 3 Ib Brüssel IIa-VO oder § 98 FamFG);
– die Ehegatten hatten ihren letzten gewöhnlichen Aufenthalt im Ausland, ein Ehegatte hat diesen Aufenthalt beibehalten, seit der Aufenthaltsbegründung eines Ehegatten in Deutschland ist noch kein Jahr vergangen;
– nur ein Ehegatte hat seinen gewöhnlichen Aufenthalt im Inland, der andere hat den früheren gemeinsamen gewöhnlichen Aufenthalt beibehalten, die Trennung liegt mehr als ein Jahr zurück, beide Ehegatten haben aber dieselbe – ausländische – Staatsangehörigkeit;
– kein Ehegatte hat den früher gemeinsamen gewöhnlichen Aufenthalt im Ausland beibehalten, ein Ehegatte hat einen neuen gewöhnlichen Aufenthalt in Deutschland, der andere in einem Drittstaat begründet, beide haben aber dieselbe – ausländische – Staatsangehörigkeit;
– die Ehegatten haben von der Möglichkeit der Wahl eines ausländischen Scheidungsstatuts nach Art. 5 Rom III-VO Gebrauch gemacht;
– das Scheidungs- oder Trennungsverfahren ist vor dem 21.6.2012 eingeleitet worden und unterliegt nach dem bis dahin maßgebenden

Recht (Art. 17 Abs. 1 i.V.m. Art. 14 EGBGB) ausländischem Recht, z.B. dem gemeinsamen Heimatrecht der in Deutschland lebenden Ehegatten; vgl. Art. 18 Abs. 1 Rom III-VO;
– beide Ehegatten sind iranische Staatsangehörige; hier hat das deutschiranische Niederlassungsabkommen v. 17.2.1929 Vorrang.

(4) Keine Rück- oder Weiterverweisung

93   Bis zum 21.6.2012 stand die Verweisung auf ein ausländisches Scheidungs- oder Trennungsstatut unter dem Vorbehalt einer Rück- oder Weiterverweisung durch das aus deutscher Sicht maßgebende Recht. Eine Rückverweisung konnte sich z.b. daraus ergeben, dass das aus deutscher Sicht maßgebende gemeinsame Heimatrecht der Eheleute auf die Scheidung das Recht am Wohnsitz der Eheleute für maßgebend erklärte. Von erheblicher praktischer Bedeutung war in diesem Zusammenhang die sog. **versteckte Rückverweisung.** Sie wurde angenommen, wenn die Gerichte des Staates, auf dessen Recht die deutsche Kollisionsnorm verwies, nur ihre eigene internationale Zuständigkeit prüften und, wenn sie diese bejahten, die Ehe stets nach ihrem eigenen Recht, also der lex fori, schieden (Beispiel: Großbritannien, USA). Daraus leitete man in Deutschland eine Rückverweisung ab, wenn aus der Sicht des ausländischen Rechts (auch) die deutschen Gerichte international zuständig waren (z.B. weil die Eheleute ihr Domizil oder einen längeren gewöhnlichen Aufenthalt in Deutschland hatten). In diesem Fall sollten dann auch die deutschen Gerichte berechtigt sein, auf die Scheidung ihr eigenes Recht anzuwenden.

94   Diese Möglichkeit besteht nach der Rom III-VO **nicht mehr.** Nach Art. 11 der VO sind unter dem nach dieser Verordnung anzuwendenden Recht eines Staates die in diesem Staat geltenden Rechtsnormen unter Ausschluss derjenigen des Internationalen Privatrechts zu verstehen. Eine Rück- oder Weiterverweisung ist damit explizit ausgeschlossen. In jedem Fall ist damit die Ehe nach den Sachnormen des anwendbaren Rechts zu scheiden. Eine Rück- oder Weiterverweisung kommt damit gem. Art. 18 Rom III-VO nur noch in den dort genannten Altfällen zum Tragen.

(5) Inhaltskontrolle und ordre public

95   Ebenso wie in den Fällen einer Rechtswahl (s.o. Rdnrn. 81 ff.) hat auch bei der Anwendung ausländischen Rechts kraft Gesetzes eine Inhaltskontrolle stattzufinden. In den in **Art. 10 Rom III-VO** genannten Fällen ist statt des eigentlich anwendbaren Rechts das deutsche Recht anzuwenden und nach Art. 12 Rom III-VO kann die Anwendung des ausländischen Rechts auch wegen des Verstoßes gegen den deutschen ordre public versagt

werden. Hat z.B. ein Deutscher mit seiner philippinischen Ehefrau zunächst längere Zeit auf den Philippinen gelebt, ist dann aber nach Deutschland zurückgekehrt, kann er (nach Ablauf von sechs Monaten, vgl. Art. 3 Abs. 1, 6. Spiegelstrich Brüssel IIa-VO) in Deutschland den Scheidungsantrag stellen und nach deutschem Recht dann auch geschieden werden, weil das eigentlich anwendbare Recht am letzten gemeinsamen gewöhnlichen Aufenthalt der Eheleute, also das philippinische Recht, nur eine gerichtliche Trennung unter Aufrechterhaltung des Ehebandes, nicht aber eine Ehescheidung zulässt (Art. 10, 1. Alt. Rom III-VO). Ist auf die Ehescheidung **islamisches** oder **jüdisches** Recht anwendbar, das den Ehegatten keinen gleichberechtigten Zugang zur Ehescheidung gewährt, das Recht der Verstoßung etwa nur dem Mann zuerkennt, nicht aber der Frau, oder die Scheidung davon abhängig macht, dass der Mann der Frau den Scheidebrief übergibt, der Frau diese Möglichkeit aber nicht einräumt, sieht Art. 10, 2. Alt. Rom III-VO die ersatzweise Anwendung der lex fori vor. Das sollte aber nicht dazu führen, die Anwendung islamischen oder jüdischen Rechts von vornherein auszuschließen. Hier kommt es vielmehr – wie bei der Berufung auf die allgemeine ordre public-Klausel – auf das Ergebnis an. Die lex fori sollte nur dann an die Stelle des ausländischen Rechts treten, wenn dieses der Frau im konkreten Fall die Scheidungsmöglichkeit nimmt. Hat der Mann, was nach islamischem Recht möglich ist und häufig geschieht, die Frau ermächtigt, das ihm zustehende Verstoßungsrecht in seinem Namen auszuüben, besteht kein Anlass, die Anwendung des islamischen Rechts auszuschließen. Dasselbe sollte gelten, wenn die Frau mit der Scheidung einverstanden ist, die Scheidung mit ihrem Mann abgesprochen hat und ihr durch die talaq-Scheidung keine Nachteile entstehen oder wenn ihr ein anderer Scheidungsgrund zur Verfügung steht, der sie zur Scheidung berechtigt (z.B. wegen Nichtzahlung von Unterhalt; s.o. Rdnr. 82; zur Anwendung islamischen Rechts s. auch OLG Hamm FamRZ 2013, 1481).

Neben der speziellen ordre public-Klausel des Art. 10 Rom III-VO hat die allgemeine ordre public-Klausel des Art. 12 Rom III-VO nur noch marginale Bedeutung. Bloße Erleichterungen oder Erschwerungen der Ehescheidung im Vergleich zum deutschen Recht sind hinzunehmen. So verstößt die Zulassung der einverständlichen Scheidung oder die Zulassung der Scheidung ohne vorherige Trennungsfristen ebenso wenig gegen den deutschen ordre public wie die Erschwerung der Ehescheidung durch längere Trennungsfristen, als sie das deutsche Recht vorsieht[82].

An einen Verstoß gegen den deutschen ordre public ließe sich allenfalls denken, wenn das anwendbare Recht eine Ehescheidung vom Nachweis ei-

---

82 BGH FamRZ 2007, 113, m. Anm. *Henrich*.

ner schweren Eheverfehlung abhängig macht und damit die Möglichkeit der Scheidung auch einer unheilbar zerrütteten Ehe ausschließt. Beispiele für eine solche Gesetzgebung lassen sich jedoch kaum noch finden.

b) Verfahrensrecht

97 Für das Verfahren gilt stets die lex fori. Das heißt, die Ehe kann in Deutschland auch weiterhin nur durch richterliche Entscheidung auf Antrag eines oder beider Ehegatten geschieden werden. Die Ehe ist aufgelöst mit der Rechtskraft der Ehescheidung. Dies ergibt sich aus § 1564 BGB, der insoweit verfahrensrechtlichen Charakter hat[83]. Dass im Inland eine Ehe nur durch ein Gericht geschieden werden kann, steht im Übrigen auch in Art. 17 II EGBGB. Durch gerichtliche Entscheidung ist die Ehe also auch dann zu scheiden, wenn nach dem Scheidungsstatut eine Ehe auch durch Verwaltungsakt oder durch bloße rechtsgeschäftliche Erklärung geschieden werden kann. Eingeleitet wird das Scheidungsverfahren durch eine Antragsschrift auch dann, wenn das Scheidungsstatut die Erhebung einer Klage vorsieht.

98 Auch das **Verbundprinzip** ist Bestandteil des Verfahrensrechts. Ehegatten können darum in einer Folgesache i.S. des § 137 II FamFG eine Entscheidung für den Fall der Scheidung begehren, auch dann, wenn das auf die Scheidung anwendbare Recht keine Entscheidung im Verbund vorsieht. § 137 FamFG gilt also auch in Fällen mit Auslandsberührung. Wie der Verbund selbst richtet sich auch seine Auflösung nach der lex fori, also nach den §§ 137, 140 FamFG[84].

99 Schwierigkeiten bereiten zuweilen Vorschriften des ausländischen Rechts, die sowohl verfahrensrechtlichen als auch sachrechtlichen Charakter haben. Dazu gehören z.B. Vorschriften über die Notwendigkeit eines **Sühneversuchs**[85], einer Mediation oder die **Mitwirkung des Staatsanwalts** oder – im islamischen Recht – der Ausspruch der Scheidungsformel in Gegenwart von zwei vertrauenswürdigen Personen männlichen Geschlechts. Hierzu lässt sich sagen, dass bei diesen Vorschriften das verfahrensrechtliche Element überwiegt. Das heißt, im Grundsatz brauchen sie nicht beachtet zu werden. Andererseits ist ihre Beachtung nicht ausgeschlossen. Sie kann sich empfehlen, wenn die Anerkennung des deutschen Scheidungsurteils – außerhalb des Geltungsbereichs der Brüssel IIa-VO – im Ausland von ihrer Beachtung abhängt[86].

---

83 BGH FamRZ 2004, 1952, 1956; OLG Stuttgart FamRZ 2012, 1141.
84 *Johannsen/Henrich/Markwardt*, § 137 FamFG Rdnr. 29.
85 Vgl. zum afghanischen Recht OLG Hamburg FamRZ 2001, 1007; zum bosnischen Recht AmtsG Leverkusen FamRZ 2004, 1493.
86 BGH FamRZ 2004, 1952, 1956; AmtsG Leverkusen FamRZ 2004, 1493 und 2009, 1330.

Macht das maßgebende Recht die Scheidung vom Verschulden eines **100**
Ehegatten abhängig, so stellt sich die Frage, ob ein **Schuldausspruch** in
den **Tenor** des Urteils aufgenommen werden kann. Qualifiziert man diese
Frage verfahrensrechtlich, so dürfte der Schuldausspruch nicht in den Tenor aufgenommen werden. Andererseits muss der Tenor die materielle
Rechtslage wiedergeben. Die materielle Rechtslage bestimmt sich aber
nach dem Scheidungsstatut. Sieht dieses einen Schuldausspruch vor (mit
Konsequenzen, z.b. für den Unterhalt), so ist dieser auch in den Tenor aufzunehmen[87].

Ist nach dem Scheidungsstatut eine einverständliche Scheidung von der **101**
Vorlage bestimmter Vertragsentwürfe (z.b. zur Regelung des Unterhalts)
oder übereinstimmender Vorschläge abhängig, so ist dies auch im deutschen Verfahren zu beachten. Solche Vorschriften sind (überwiegend) materiell-rechtlicher Natur, auch dann, wenn sie – wie früher in § 630 ZPO –
im Verfahrensrecht geregelt sein sollten[88]. Sie sollen dem Richter eine
Überprüfung der Voraussetzungen für eine einverständliche Scheidung ermöglichen.

Davon zu unterscheiden sind die Vorschriften über den Inhalt der Antragsschrift (§ 133 II Nr. 2 FamFG), die nur den Zweck haben, die Ehegatten auf bestimmte Folgesachen hinzuweisen und dem Richter ermöglichen sollen (zum Schutz der Kinder oder des schwächeren Ehegatten) Fragen zu stellen. Sie sind verfahrensrechtlicher Natur und richten sich darum
auch bei Geltung eines ausländischen Scheidungsstatuts allein nach der lex
fori. **102**

Manche Rechtsordnungen (z.B. in Kroatien oder Serbien) sehen vor, **103**
dass der nacheheliche Unterhalt im Scheidungsverfahren geltend zu machen ist und nur in bestimmten Ausnahmefällen auch noch nachträglich
(innerhalb einer Ausschlussfrist) geltend gemacht werden kann[89]. Diese
Vorschriften sind materiellrechtlich zu qualifizieren und darum bei Anwendbarkeit des betreffenden Rechts zu berücksichtigen. Dasselbe gilt für
die Frage der Verjährung. So verjähren z.b. in der Türkei Ansprüche auf
nachehelichen Unterhalt ein Jahr nach Rechtskraft des Scheidungsurteils
(Art. 178 n.F. türk. ZGB).

---

87 BGH FamRZ 1987, 793; OLG Zweibrücken FamRZ 1997, 430; OLG Hamm IPRax 2000, 309.
88 *Staudinger/Mankowski* (2011), Art. 17 EGBGB Rdnr. 230; im Grundsatz auch *Jayme*, Einverständliche Ehescheidung und Internationales Privatrecht, Liber amicorum Schurig (2012), 73, 77, mit dem Hinweis auf Spannungen zwischen dem Scheidungsstatut und dem auf die Nebenfolgen anwendbaren Recht.
89 Vgl. § 218 des kroatischen und Art. 279 des serbischen Familiengesetzes.

II. Unterhaltssachen: Zuständigkeit und anwendbares Recht

1. Internationale Zuständigkeit

a) EuUntVO

Die internationale Zuständigkeit in Unterhaltssachen beruht heute überwiegend auf der VO (EG) Nr. 4/2009 des Rates über die Zuständigkeit, das anwendbare Recht, die Anerkennung und Vollstreckung von Entscheidungen und die Zusammenarbeit in Unterhaltssachen v. 18.12.2008 (EuUntVO), die ab dem 18.6.2011 im Verhältnis der Mitgliedstaaten (hier einschließlich Dänemark, ABl. EU 2009 Nr. L – 149, S. 80) an die Stelle der bis dahin geltenden VO (EG) Nr. 44/2001 v. 22.12.2000, der EuGVVO, getreten ist (Art. 68 EuUntVO). Zu den Übergangsbestimmungen vgl. Art. 75 II EuUntVO. Die EuUntVO ist im Verfahren auf Vollstreckbarerklärung auch auf Alttitel anzuwenden, wenn der verfahrenseinleitende Antrag nach dem 18.6.2011 gestellt worden ist. Die Bundesrepublik ist darüber hinaus Vertragsstaat des Luganer Übereinkommens über die gerichtliche Zuständigkeit und die Anerkennung und Vollstreckung gerichtlicher Entscheidungen in Zivil- und Handelssachen i.d.F. v. 30.10.2007 (LugÜ). Da die meisten Vertragsstaaten des LugÜ Mitgliedstaaten der EU sind und im Verhältnis zu ihnen deswegen die EuUntVO vorrangig gilt, hat das LugÜ aber nur noch Bedeutung in den Fällen, in denen der Beklagte seinen Wohnsitz im Hoheitsgebiet eines Vertragsstaates hat, der nicht Mitglied der EU ist. Das trifft zu für Island, Norwegen und die Schweiz.

Aus der EuUntVO und dem LugÜ ergeben sich folgende Zuständigkeiten:

(1) Jeder, der seinen gewöhnlichen Aufenthalt im Hoheitsgebiet eines Mitgliedstaates der EU oder seinen Wohnsitz in Island, Norwegen oder der Schweiz hat, kann ohne Rücksicht auf seine Staatsangehörigkeit, also auch dann, wenn er einem Drittstaat angehört, z.B. Türke ist, vor den Gerichten des Staates verklagt werden, in dem er seinen gewöhnlichen Aufenthalt (bzw. in Island, Norwegen und der Schweiz seinen Wohnsitz) hat (Art. 3 lit. a EuUntVO, Art. 2 LugÜ). Auf den gewöhnlichen Aufenthalt oder

Wohnsitz des Klägers kommt es nicht an. Die internationale Zuständigkeit ist also auch dann gegeben, wenn der Kläger/Antragsteller seinen gewöhnlichen Aufenthalt oder Wohnsitz in einem Drittstaat hat[90].

106 (2) Der Unterhaltsgläubiger kann den Unterhaltsschuldner aber nicht nur an dessen gewöhnlichem Aufenthalt verklagen, sondern auch dort, wo er selbst seinen gewöhnlichen Aufenthalt hat (Art. 3 lit. b EuUntVO). Ausgehend von der Annahme, dass der Europäische Gesetzgeber nur die internationale Zuständigkeit regeln wollte (oder regeln durfte), traf der nationale Gesetzgeber im AUG vom 23.5.2011 für die **örtliche Zuständigkeit** eine von Art. 3 EuUntVO abweichende Regelung. Wenn ein Beteiligter seinen gewöhnlichen Aufenthalt nicht in Inland hatte, sollte für Unterhaltsklagen ausschließlich das für den Sitz des OLG, in dessen Bezirk der Antragsgegner oder der Berechtigte seinen gewöhnlichen Aufenthalt hatte, zuständige Amtsgericht örtlich zuständig sein (Art. 28 AUG). Der EuGH sah in dieser Regelung einen Verstoß gegen das vorrangige EU-Recht (EuGH, 18.12.2014, FamRZ 2015, 639, m. Anm. *Mayer*): Art. 3 EuUntVO regle nicht nur die internationale, sondern zugleich auch die örtliche Zuständigkeit. Daran sei der nationale Gesetzgeber gebunden. Eine andere (weitere) örtliche Zuständigkeit sei nur akzeptabel, wenn sie „zur Verwirklichung des Ziels einer ordnungsgemäßen Rechtspflege" beiträgt und die Interessen der Unterhaltsberechtigten schützt, „indem sie zugleich eine effektive Durchsetzung von Unterhaltsansprüchen begünstigt." Der nationale Gesetzgeber änderte daraufhin Art. 28 AUG durch Gesetz vom 20.11.2015, indem er das Wort „ausschließlich" tilgte. Im Übrigen sollte es bei der primären (jetzt aber nicht mehr ausschließlichen) Zuständigkeit des Amtsgerichts am Sitz des OLG sein Bewenden haben. Ob diese Korrektur europarechtskonform ist, ist zweifelhaft[91]. Der Entscheidung des EuGH dürfte es eher entsprechen, das Regel-Ausnahme-Verhältnis umzukehren, also von der primären Zuständigkeit des Amtsgerichts am gewöhnlichen Aufenthalt des Berechtigten auszugehen, diesem aber die Möglichkeit einzuräumen, in besonderen Fällen den Rechtsstreit an das Gericht am Sitz des OLG abzugeben. In Betracht kämen etwa die Fälle, deren Lösung eine besondere Sachkunde erfordert, z.B. wenn auf den Unterhaltsanspruch ausnahmsweise nicht das (deutsche) Recht des gewöhnlichen Aufenthalts des Berechtigten, sondern aufgrund einer Rechtswahl ein anderes Recht anwendbar ist oder wenn nach deutschem Recht kein Unterhaltsanspruch besteht, möglicherweise aber nach dem gemeinsamen Heimatrecht der Be-

---

90 *Heger/Selg*, Die europäische Unterhaltsverordnung und das neue Auslandsunterhaltsgesetz – Die erleichterte Durchsetzung von Unterhaltsansprüchen im Ausland, FamRZ 2011, 1101, 1103; ebenso schon zur EuGVVO *Gottwald*, FamRZ 2006, 1394.
91 Dafür OLG Brandenburg, FamRZ 2017, 135.

teiligten bestehen kann (vgl. Art. 4 IV HUntProt)[92]. Zu beachten ist, dass in Art. 3 lit. a EuUntVO vom gewöhnlichen Aufenthalt des Beklagten gesprochen wird, in Art. 3 lit. b EuUntVO dagegen nicht vom gewöhnlichen Aufenthalt des Klägers, sondern vom gewöhnlichen Aufenthalt der „berechtigten Person". Der Unterschied ist bedeutsam, wenn es um eine Widerklage oder um eine Abänderungsklage geht. Wenn der Unterhaltsschuldner sich gegen die Unterhaltsklage mit einer Widerklage wehren oder wenn er eine Abänderung eines Unterhaltstitels erreichen will, muss er den Unterhaltsgläubiger an dessen gewöhnlichem Aufenthalt verklagen. Er kann ihn nicht dort verklagen, wo er selbst seinen gewöhnlichen Aufenthalt hat[93]. Der „Klägergerichtsstand" steht nur der „berechtigten Person" zu, d.h. dem Unterhaltsgläubiger, nicht auch dem Unterhaltsschuldner, der eine Abänderung des Unterhaltstitels anstrebt.

Dass der Unterhaltsgläubiger an seinem gewöhnlichen Aufenthalt den im Ausland lebenden Unterhaltsschuldner verklagen kann, ist unproblematisch, wenn der Unterhaltsschuldner in einem Mitgliedstaat der EU lebt; denn in diesem Fall ist die Anerkennung des erstrittenen Urteils und seine Vollstreckung durch die EuUntVO gewährleistet (s.u. Rdnr. 178 ff.). Lebt der Unterhaltsschuldner dagegen in einem Drittstaat, so empfiehlt es sich für den Gläubiger, sich über die Vollstreckbarkeit des angestrebten Unterhaltsurteils im Aufenthaltsstaat des Schuldners zu informieren (wenn der Schuldner nicht über pfändbares Vermögen im Inland verfügt). In vielen Fällen wird die Vollstreckung durch Staatsverträge abgesichert sein (s.u. Rdnr. 185 ff.). In anderen Fällen hängt die Vollstreckung von den nationalen Vorschriften des Staates ab, in dem der Titel vollstreckt werden soll. **107**

Ob der Unterhaltsschuldner oder der Unterhaltsgläubiger seinen gewöhnlichen Aufenthalt im Inland hat, entscheiden die deutschen Gerichte aus ihrer Sicht. Für die Frage, ob der Unterhaltsschuldner seinen Wohnsitz in einem Vertragsstaat des LugÜ hat, gilt das Recht dieses Staates (Art. 59 LugÜ). **108**

(3) Wird der Unterhaltsanspruch im Rahmen eines **Ehescheidungsverfahrens** geltend gemacht, so liegt es nahe, die internationale Zuständigkeit primär nach Art. 3 lit. c EuUntVO zu prüfen. Nach dieser Vorschrift sind die Gerichte zur Entscheidung über einen Unterhaltsanspruch auch dann zuständig, wenn darüber als „Nebensache" in einem Verfahren „in Bezug auf den Personenstand" zu entscheiden ist und sie für dieses Verfah- **109**

---

92 Vgl. *Henrich*, FamRZ 2015, 1761, 17621; im Ergebnis auch OLG Brandenburg aaO.
93 *Rauscher/Andrae*, Vorbem. Art. 3 ff. EG-UntVO Rdnr. 10; *Gruber*, Die neue EG-Unterhaltsverordnung, IPRax 2010, 128, 130. Das unzuständige Gericht kann allerdings zuständig werden, wenn der Antragsgegner die fehlende Zuständigkeit nicht rügt (Art. 5 EuUntVO); vgl. OLG Stuttgart FamRZ 2014, 850; OLG Koblenz FamRZ 2015, 268.

ren zuständig sind. Die Gerichte, die ihre Zuständigkeit für das Ehescheidungsverfahren geprüft und bejaht haben (bei einem Ehescheidungsverfahren handelt es sich um ein Verfahren „in Bezug auf den Personenstand"), brauchen also ihre Zuständigkeit zur Entscheidung über den geltend gemachten Unterhaltsanspruch (eine „Nebensache", vgl. § 232 I Nr. 1 FamFG) nicht erneut zu prüfen.

110 Ob das Gericht für die Ehescheidung zuständig ist, ergibt sich primär aus der Brüssel IIa-VO, kann sich aber auch aus § 98 I FamFG ergeben (§ 25 I Nr. 1b AUG). Allerdings ist der zunächst am wichtigsten erscheinende Zuständigkeitsgrund des § 98 I FamFG, nämlich die Ziff. 1 (wenn „ein Ehegatte Deutscher ist oder bei der Eheschließung war"), von der Verweisung in Art. 3 lit. c EuUntVO ausdrücklich ausgenommen (§ 25 II AUG). Es bleiben damit nur wenige Fälle übrig, in denen nur § 98 I FamFG weiterhilft, etwa wenn die Ehescheidung von einem Staatenlosen begehrt wird, der seinen gewöhnlichen Aufenthalt in Deutschland hat, obgleich er sich erst seit weniger als einem Jahr hier aufgehalten hat (§ 98 I Ziff. 3 FamFG).

111 Bedeutung erlangen kann Art. 3 lit. c EuUntVO ferner, wenn es nicht um eine Ehescheidung, sondern um die Auflösung einer in Deutschland eingetragenen **Lebenspartnerschaft** geht. Hat kein Lebenspartner seinen gewöhnlichen Aufenthalt in Deutschland, so sind für die Auflösung der Lebenspartnerschaft die deutschen Gerichte zuständig, wenn die Lebenspartnerschaft in Deutschland begründet wurde (§ 103 I Ziff. 3 FamFG). Hier kann dann in dem Verfahren auf Aufhebung der Lebenspartnerschaft (§ 15 LPartG) auch über Unterhaltsansprüche nach § 16 LPartG entschieden werden (§ 25 I Nr. 1c AUG).

112 (4) Art. 3 lit. c EuUntVO schließt eine Zuständigkeit des für die Ehescheidung zuständigen Gerichts auch für damit im Verbund stehende Unterhaltsansprüche nur dann aus, wenn sich die Zuständigkeit „einzig" auf der Staatsangehörigkeit „eines" der Ehegatten begründet. Nicht ausgeschlossen ist die Zuständigkeit, wenn die Zuständigkeit für das Scheidungsverfahren aus der gemeinsamen Staatsangehörigkeit **beider** Ehegatten (Art. 3 II Brüssel IIa-VO) abgeleitet wird. Die Zuständigkeit gründet sich des Weiteren nicht **einzig** auf die Staatsangehörigkeit eines Ehegatten, wenn sie auf einer **Gerichtsstandsvereinbarung** beruht (Art. 4 I S. 1 lit. b EuUntVO), auch wenn in dieser Vereinbarung die Geltung des Heimatrechts eines Ehegatten vereinbart worden ist. Die Zuständigkeit beruht hier nicht auf der Staatsangehörigkeit eines Ehegatten, sondern auf der Gerichtsstandsvereinbarung. Nach Art. 4 I EuUntVO können die Ehegatten die Zuständigkeit des Gerichts vereinbaren, das für Streitigkeiten zwischen den Ehegatten in Ehesachen zuständig ist (z.B. – außerhalb des Geltungs-

bereichs der Brüssel IIa-VO – nach § 98 FamFG; s.o. Rdnr. 12) oder der Gerichte des Mitgliedstaates, in dem die Ehegatten mindestens ein Jahr ihren letzten gemeinsamen Aufenthalt hatten.

(5) Dasselbe gilt, wenn sich in dem anhängigen Verfahren der Unterhaltsschuldner auf das Verfahren einlässt, ohne die fehlende internationale Zuständigkeit zu rügen. Die **rügelose Einlassung** begründet die Zuständigkeit eines ansonsten nicht zuständigen Gerichts (Art. 5 EuUntVO). Eine weitere Zuständigkeit kann sich aus der gemeinsamen Staatsangehörigkeit ergeben, wenn eine internationale Zuständigkeit weder nach den Art. 3, 4 oder 5 EuUntVO, noch nach dem LugÜ gegeben ist (**Auffangzuständigkeit**, Art. 6 EuUntVO) sowie, wenn es unmöglich oder unzumutbar ist, ein Verfahren in einem Drittstaat einzuleiten (**Notzuständigkeit**, Art. 7 EuUntVO).

113

b) LugÜ

Nach Art. 69 I EuUntVO berührt die Verordnung nicht die Anwendung der Übereinkommen, denen ein oder mehrere Mitgliedstaaten angehören. Zu den Übereinkommen gehört auch das **LugÜ**. Dessen ursprüngliche Fassung von 1988 enthielt Vorschriften auch zur internationalen Zuständigkeit in Unterhaltssachen (Art. 2: Internationale Zuständigkeit am Wohnsitz des Beklagten; Art. 5 Nr. 2: Internationale Zuständigkeit am Wohnsitz oder gewöhnlichen Aufenthalt des Berechtigten sowie falls über eine Unterhaltssache im Zusammenhang mit einem Verfahren in Bezug auf den Personenstand zu entscheiden ist). In der Neufassung durch das LugÜ 2007 wurde – im Anschluss an die Änderung der EuGVVO durch die EuUntVO – Art. 5 Nr. 2 gestrichen. Ein Vorrang des LugÜ besteht somit in Unterhaltssachen – jedenfalls was die Zuständigkeit kraft Gesetzes angeht – nicht mehr, sieht man davon ab, dass ein Unterhaltsschuldner, der im Geltungsbereich der EuUntVO an seinem gewöhnlichen Aufenthalt verklagt werden könnte, gem. Art. 2 LugÜ an seinem Wohnsitz zu verklagen ist, wenn er seinen Wohnsitz in Island, Norwegen oder der Schweiz hat. Bedeutung erlangen kann das LugÜ jedoch im Fall einer Gerichtsstandsvereinbarung.

114

Haben die Eheleute die ausschließliche Zuständigkeit der Gerichte eines Staates vereinbart, der Vertragsstaat des LugÜ, aber nicht Mitgliedstaat der EU ist, so verweist Art. 4 IV EuUntVO auf das Recht dieses Staates und damit für die Wirksamkeit der Gerichtsstandsvereinbarung auf Art. 23 LugÜ. Nach dieser Vorschrift wird die Wirksamkeit der Gerichtsstandsvereinbarung bestätigt, wenn wenigstens ein Ehegatte seinen Wohnsitz in einem der Vertragsstaaten des LugÜ hat. Ist dies nicht der Fall, so hat die Gerichtsstandsvereinbarung nur eingeschränkte Bedeutung. Die Gerichte der

115

anderen Vertragsstaaten des LugÜ können aufgrund der Gerichtsstandsvereinbarung keine Entscheidung treffen, es sei denn, das vereinbarte Gericht oder die vereinbarten Gerichte haben sich rechtskräftig für unzuständig erklärt (Art. 23 IV LugÜ). Hat beispielsweise ein in Deutschland lebendes deutsch-schweizerisches Ehepaar in einer Gerichtsstandsvereinbarung die ausschließliche Zuständigkeit der schweizerischen Gerichte vereinbart, so ist es Sache der schweizerischen Gerichte, über ihre internationale Zuständigkeit zu entscheiden. Die deutschen Gerichte können aufgrund der von den Eheleuten getroffenen Gerichtsstandsvereinbarung keine Entscheidung treffen, es sei denn, die schweizerischen Gerichte erklären sich rechtskräftig für unzuständig. Etwas anderes gilt allerdings dann, wenn in der Gerichtsstandsvereinbarung keine **ausschließliche** Zuständigkeit der Gerichte des bezeichneten Staates vereinbart worden ist. In diesem Fall wird durch die Gerichtsstandsvereinbarung lediglich die konkurrierende Zuständigkeit der Gerichte eines weiteren Staates begründet. Die kraft Gesetzes bestehenden Zuständigkeiten bleiben bestehen. Im Beispielsfall könnten die Ehegatten, die durch die Gerichtsstandsvereinbarung nur eine zusätzliche Zuständigkeit begründet haben, wählen, ob sie ihren Unterhaltsanspruch vor einem deutschen Gericht oder vor einem schweizerischen Gericht geltend machen wollen.

Haben sich die Ehegatten nicht explizit für die ausschließliche Zuständigkeit der Gerichte des bezeichneten Staates ausgesprochen, so ist es eine Frage der Auslegung, ob die Parteien eine ausschließliche oder nur eine konkurrierende Zuständigkeit vereinbaren wollten. Nach Art. 23 LugÜ spricht eine Vermutung dafür, dass die Parteien eine ausschließliche Zuständigkeit vereinbaren wollten (Art. 23 I S. 2 LugÜ). Das sollte – im Sinn einer abkommensfreundlichen Interpretation – auch für Art. 4 IV EuUntVO gelten.

c) Nationale Vorschriften

116   Anders als die Brüssel IIa-VO (s.o. Rdnr. 11) versteht sich die EuUntVO als abschließende Regelung. Es bleibt kein Raum für nationale Vorschriften[94]. § 105 FamFG, der „in anderen Verfahren" die internationale Zuständigkeit an die örtliche Zuständigkeit knüpft, hat darum in Unterhaltssachen keine Bedeutung. Offen bleibt, wie zu verfahren ist, wenn sich der Zuständigkeitskatalog der EuUntVO als lückenhaft erweist. Eine Lücke kann z.B. dann bestehen, wenn der Unterhaltsschuldner seinen Wohnsitz im Inland aufgegeben hat und sich seither nur noch vorübergehend im Inland aufhält. § 16 ZPO, der in einem solchen Fall den Rückgriff auf den

---

94 *Rauscher/Andrae,* Art. 4 EG-UntVO Rdnr. 57.

letzten Wohnsitz ermöglicht, ist nicht (mehr) anwendbar. Will in einem solchen Fall die im Ausland lebende Ehefrau nach Abschluss des Scheidungsverfahrens aus nachvollziehbaren Gründen ihren früheren Ehemann in Deutschland auf Unterhalt oder auf Abänderung eines Unterhaltstitels verklagen und haben die Parteien nicht beide die deutsche Staatsangehörigkeit (vgl. Art. 6 EuUntVO), so wäre es denkbar, die internationale Zuständigkeit aus dem zwar nicht gewöhnlichen, wohl aber faktischen Aufenthalt herzuleiten, soweit dieser mehr ist als eine bloße vorübergehende Anwesenheit (z.B. bei einer Zwischenlandung auf einem Flugplatz), möglicherweise sogar aus dem letzten gewöhnlichen Aufenthalt[95]. Zu prüfen wäre allerdings, ob in einem solchen Fall nicht auch (oder besser) auf die Notzuständigkeit des Art. 7 EuUntVO zurückgegriffen werden könnte, etwa weil es der Ehefrau nicht zumutbar ist oder sich als unmöglich erweist, ein Verfahren in einem Drittstaat einzuleiten oder zu führen, und ein gewisser Bezug zur Bundesrepublik gegeben ist (z.B. aufgrund des früheren gewöhnlichen Aufenthalts des Ehemannes oder auf hier belegenes Vermögen, auch wenn auf § 23 ZPO nicht mehr zurückgegriffen werden kann).

d) Rechtshängigkeit im Ausland

Die internationale Zuständigkeit der deutschen Gerichte wird nicht dadurch tangiert, dass auch die Gerichte eines anderen Staates – aus deutscher Sicht oder aus der Sicht der jeweiligen lex fori – international zuständig sind. Das gilt selbst dann, wenn die Gerichte eines anderen Staates die ausschließliche Zuständigkeit für sich in Anspruch nehmen sollten (etwa wegen eines Entscheidungsverbunds). In diesem Sinn haben die deutschen Gerichte wiederholt entschieden, dass ein im Ausland anhängiges Scheidungsverfahren der internationalen Zuständigkeit der deutschen Gerichte für eine Unterhaltsregelung nicht entgegensteht[96].

117

Es gibt keine „internationale Verbundsunzuständigkeit"[97].

Mit der Frage der internationalen Zuständigkeit nicht zu verwechseln ist die **Berücksichtigung fremder Rechtshängigkeit**. Hier gelten dieselben Erwägungen, wie sie oben zum Scheidungsverfahren angestellt worden sind (Rdnr. 15 ff.): Zu unterscheiden ist auch hier, ob der Unterhaltsanspruch in einem Mitgliedstaat der EU oder in einem sonstigen Staat rechtshängig ist. Ist der Unterhaltsanspruch in einem **Mitgliedstaat der EU**

118

---

95 *Rauscher/Andrae*, Art. 3 EG-UntVO Rdnr. 39.
96 OLG München FamRZ 1979, 153; OLG Frankfurt FamRZ 1982, 528; 1990, 747; OLG Karlsruhe FamRZ 1986, 1226.
97 OLG Düsseldorf IPRax 1983, 129, m. zust. Anm. *Jayme*; *Jayme*, Fragen der internationalen Verbundsunzuständigkeit, IPRax 1984, 121, 125.

rechtshängig, so hat das später angerufene Gericht das Verfahren von Amts wegen auszusetzen, bis die Zuständigkeit des zuerst angerufenen Gerichts feststeht (Art. 12 I EuUntVO). Sobald die Zuständigkeit des zuerst angerufenen Gerichts feststeht, hat sich das später angerufene Gericht zugunsten dieses Gerichts für unzuständig zu erklären (Art. 12 II EuUntVO). Bei Anhängigkeit des Unterhaltsanspruchs in Island, Norwegen oder der Schweiz richten sich die Folgen doppelter Anhängigkeit nach Art. 27 LugÜ. Bei Rechtshängigkeit des Unterhaltsanspruchs in einem **sonstigen Staat** ist die Rechtshängigkeit zu berücksichtigen, wenn mit der Anerkennung der ausländischen Entscheidung gerechnet werden kann (§§ 113 I FamFG, 261 III Nr. 1 ZPO) oder bilaterale Übereinkommen eine vorrangige Regelung enthalten (so Art. 44 des Abkommens mit Tunesien und Art. 22 des Abkommens mit Israel).

119 Die Anhängigkeit eines Unterhaltsverfahrens im Ausland stellt jedoch nur dann ein Verfahrenshindernis für die Einleitung eines entsprechenden Verfahrens im Inland dar, wenn im Ausland **dieselben Personen dasselbe begehren** wie im Inland (Art. 12 I EuUntVO)[98]. Das ist nicht der Fall, wenn im Ausland Trennungsunterhalt verlangt wird (z.B. weil ein deutsches Scheidungsurteil – noch – nicht anerkannt worden ist), während im Inland nachehelicher Unterhalt begehrt wird, oder wenn im Ausland Unterhalt für die Zeit des Scheidungsverfahrens verlangt worden ist und im Inland Trennungsunterhalt begehrt wird[99] oder umgekehrt in einem inländischen Scheidungsverfahren für die Zeit des Scheidungsverfahrens Unterhalt begehrt wird, während im Ausland ein Verfahren auf Zahlung von Trennungsunterhalt rechtshängig ist. Zweifel können entstehen, wenn im Ausland eine Ausgleichszahlung (z.B. eine prestation compensatoire i.S. des französischen Rechts) oder „ancillary relief" (i.S. des englischen Rechts) begehrt wird, der neben der Deckung des Lebensbedarfs auch einen vermögensrechtlichen Ausgleich herbeiführen soll, und anschließend in Deutschland nachehelicher Unterhalt verlangt wird. Hier lässt sich jedenfalls dann eine Teilidentität annehmen, wenn der Ehegatte im Ausland ancillary relief in Form wiederkehrender Leistungen (periodical payment order) verlangt hat[100], nicht dagegen, wenn im Ausland eine einmalige Ausgleichszahlung verlangt worden ist, die sich nicht nur am Unterhaltsbedürfnis orientiert, sondern – z.B. – auch eine finanzielle Diskrepanz ausgleichen soll, die sich aufgrund der Ehescheidung für die Ehegatten ergibt (auch wenn

---

98 Parteienidentität ist auch dann anzunehmen, wenn in einem Verfahren auf Zahlung von Kindesunterhalt das Kind Kläger ist, während in dem Parallelverfahren ein Elternteil den Anspruch des Kindes in Prozessstandschaft geltend macht, soweit die Entscheidung für und gegen das Kind wirkt; vgl. *Rauscher/Andrae*, Art. 12 EG-UntVO Rdnr. 4.
99 OLG Köln FamRZ 2003, 544.
100 OLG Celle FamRZ 2009, 359; vgl. dazu auch BGH FamRZ 2009, 1659, m. Anm. *Henrich*.

der Richter Ratenzahlung bewilligen kann), und nunmehr im Inland nachehelicher Unterhalt verlangt wird. Die fehlende Identität ergibt sich hier bereits daraus, dass bei einer Ausgleichszahlung, anders als bei der Zusprechung von Unterhalt, Abänderungen bei Änderung der Verhältnisse ausgeschlossen sind.

Voraussetzung für die Anwendung von Art. 12 EuUntVO ist ferner, **120** dass vor dem ausländischen Gericht ein entsprechendes Verfahren eingeleitet worden ist. Um rechtshängig zu werden, muss der Unterhalt **tatsächlich geltend gemacht werden**[101] bzw. die Folgesache vom Gericht aufgegriffen werden[102]. Es genügt nicht, dass im Rahmen eines im Ausland anhängigen Scheidungsverfahrens die Gerichte zugleich auch den Unterhalt der Ehegatten regeln können. Die Rechtshängigkeit eines Scheidungsverfahrens schließt nicht automatisch die Rechtshängigkeit des Anspruchs auf Unterhalt ein. Das gilt selbst dann, wenn der (ausländische) Richter von Amts wegen „die für die Dauer des Prozesses erforderlichen Maßnahmen" zu treffen hat[103].

Die Rechtshängigkeit eines Anspruchs auf Trennungs- oder nachehelichen Unterhalt im Ausland hindert jedoch nicht den **Erlass einer einstweiligen Verfügung** auf Zahlung von Unterhalt. Hier würde nämlich eine Sperrwirkung der ausländischen Rechtshängigkeit die alsbaldige Sicherstellung des Unterhalts der Verfügungsklägerin oder des Verfügungsklägers unzumutbar verhindern[104]. **121**

e) Durchsetzung von Unterhaltsansprüchen im Ausland

Die Durchsetzung von Unterhaltsansprüchen in den Mitgliedstaaten **122** der EU ist durch die EuUntVO gewährleistet, außerhalb der EU dann, wenn entsprechende staatsvertragliche Übereinkommen die Anerkennung und Vollstreckung garantieren (s. dazu unten Rdnr. 185). Zur Durchsetzung in weiteren Staaten kann in vielen Fällen auch das New Yorker UN-Übereinkommen über die Geltendmachung von Unterhaltsansprüchen im Ausland v. 20.6.1956 weiterhelfen (s. dazu unten Rdnr. 214). Lebt der Unterhaltsschuldner in den USA, in Kanada oder in Südafrika (die das New Yorker UN-Übk nicht übernommen haben), so leistete dem Unterhaltsgläubiger schon bisher in vielen Fällen das Auslandsunterhaltsgesetz (AUG 1986) v. 19.12.1986 wertvolle Hilfe. Auf dieser Grundlage baut nunmehr das Gesetz zur Durchführung der EuUntVO und zur Neuordnung beste-

---
101 BGH IPRax 1987, 314; OLG Frankfurt FamRZ 1990, 747.
102 *Linke*, IPRax 1992, 159, gegen OLG München IPRax 1992, 174.
103 OLG Frankfurt FamRZ 1990, 747 (Argument: Der ausländische Richter braucht nur zu handeln, wenn aus seiner Sicht Maßnahmen „erforderlich" sind.)
104 OLG Köln FamRZ 1992, 75.

hender Aus- und Durchführungsbestimmungen auf dem Gebiet des internationalen Unterhaltsverfahrensrechts v. 23.5.2011 auf, dessen Art. 1 das – neue – Auslandsunterhaltsgesetz ist (dazu unten Rdnrn. 215, 216).

2. Anwendbares Recht – ehelicher und nachehelicher Unterhalt

a) Allgemeines

123   Unterhaltsansprüche von Ehegatten richteten sich bis zum 18.6.2011 nach dem Haager Übereinkommen über das auf Unterhaltspflichten anzuwendende Recht v. 2.10.1973 bzw. nach dem damit übereinstimmenden Art. 18 EGBGB. Seit dem 18.6.2011 wird in allen Mitgliedstaaten der EU mit Ausnahme von Dänemark und dem Vereinigten Königreich das Haager Protokoll über das auf Unterhaltspflichten anzuwendende Recht (UntProt) v. 23.11.2007 (ABl. EU 2009 L 331, S. 19) angewendet. Das UntProt war zwar am 18.6.2011 noch nicht in Kraft, weil bis zu diesem Zeitpunkt nur die EU die Ratifikationsurkunde hinterlegt hatte, das Inkrafttreten aber die Hinterlegung einer weiteren Ratifikationsurkunde voraussetzte (Art. 25 UntProt). Für diesen Fall hatte aber der Rat die vorläufige Anwendung angeordnet (Beschluss v. 30.11.2009 über den Abschluss des Protokolls Art. 4 ABl. L 331, S. 17). Seit seinem Inkrafttreten (1.8.2013) gilt das UntProt auch in Serbien. Das Haager Übereinkommen von 1973 ist nur noch im Verhältnis zu denjenigen Vertragsstaaten anwendbar, in denen nicht vorrangig das Haager UntProt gilt. Das sind derzeit nur noch Albanien, Japan, die Schweiz und die Türkei. Zum zeitlichen Anwendungsbereich des UntProt heißt es in Art. 22: Dieses Protokoll findet keine Anwendung auf Unterhalt, der in einem Vertragsstaat für einen Zeitraum vor Inkrafttreten des Protokolls in diesem Staat verlangt wird. Diese Vorschrift ist jedoch durch den oben genannten Ratsbeschluss vom 30.11.2009 für die Mitgliedstaaten der EU, in denen das UntProt gilt, erweitert worden. Um den Gleichlauf mit der EuUntVO zu erreichen, wurde der Geltungsbereich des UntProt auf Ansprüche ausgedehnt, die nach dem Inkrafttreten des UntProt für einen früheren Zeitraum geltend gemacht werden. Nur in Verfahren, die vor dem 18.6.2011 eingeleitet wurden, richtet sich das anwendbare Recht noch nach dem Haager Übk von 1973 bzw. Art. 18 EGBGB[105]. Art. 18 EGBGB wurde mit Wirkung zum 18.6.2011 aufgehoben (Art. 12 Nr. 3 des Gesetzes zur Durchführung der VO Nr. 4/2009 und zur Neuordnung bestehender Aus- und Durchführungsbestimmungen auf dem Gebiet des internationalen Unterhaltsverfahrensrechts v. 23.5.2011, BGBl. I 2011, 898, 917). Richtete sich der Anspruch auf nachehelichen Unterhalt vor dem 18.6.2011 noch (gem. Art. 8

---

105   BGH FamRZ 2015, 479, 482; s. auch *Heger/Selg*, FamRZ 2011, 1101, 1107.

Haager Übk. 1973 bzw. Art. 18 IV EGBGB) nach dem auf die Scheidung angewandten Recht, konnte mit Wirkung zum 18.6.2011 ein Statutenwechsel eintreten.

b) Regelanknüpfung

Nach Art. 3 I des Haager UntProt ist für Unterhaltspflichten, „sofern in diesem Protokoll nichts anderes bestimmt ist", das innerstaatliche Recht des Staates maßgebend, in dem die berechtigte Person ihren gewöhnlichen Aufenthalt hat. Das deckt sich mit der bisherigen Grundregel des Art. 4 I des Haager Übk von 1973 bzw. Art. 18 I S. 1 EGBGB. „Innerstaatlich" bedeutet, dass es nur auf die Sachvorschriften des Rechts ankommt, auf das verwiesen wird, nicht auch auf dessen Kollisionsnormen. Eine Rück- oder Weiterverweisung ist also ausgeschlossen. 124

Das bisher geltende Recht unterschied zwischen dem Unterhaltsanspruch eines getrennt lebenden Ehegatten[106] und dem Anspruch auf nachehelichen Unterhalt. Die grundsätzliche Anknüpfung an den gewöhnlichen Aufenthalt des unterhaltsbedürftigen Ehegatten galt nur für den Unterhaltsanspruch für die Zeit des Getrenntlebens. Für den nachehelichen Unterhalt gab es eine Sonderanknüpfung: Maßgebend sollte hier sein das auf die Ehescheidung angewandte Recht (Art. 8 Übk 1973 = Art. 18 IV EGBGB). Diese Sonderanknüpfung des nachehelichen Unterhalts gibt es nach dem Haager UntProt nicht mehr. Die Anknüpfung des nachehelichen Unterhalts an den gewöhnlichen Aufenthalt des unterhaltsbedürftigen Ehegatten ist nunmehr also auch in den – nach Inkrafttreten der Rom III-VO selten werdenden – Fällen maßgebend, in denen eine Ehe nach ausländischem Recht zu scheiden ist oder geschieden worden ist (vgl. OLG Köln FamRZ 2012, 1509). 125

Eine in der Bundesrepublik Deutschland lebende Ehefrau kann folglich Unterhalt von ihrem getrennt lebenden oder geschiedenen Ehemann stets nach deutschem Recht verlangen, gleichgültig, welche Staatsangehörigkeit sie hat und gleichgültig, wo der Mann lebt und welche Staatsangehörigkeit er hat. Auch wenn beide Ehegatten z.B. Griechen oder Rumänen sind, ist auf den Unterhaltsanspruch des bedürftigen Ehegatten deutsches Recht anzuwenden, solange der Unterhaltsgläubiger seinen gewöhnlichen Aufenthalt im Inland hat. Zum Begriff des gewöhnlichen Aufenthalts s.o. Rdnr. 4 ff. 126

Das Unterhaltsstatut ist **wandelbar.** Wechselt die berechtigte Person ihren gewöhnlichen Aufenthalt, so ist von dem Zeitpunkt des Aufenthalts- 127

---

[106] Zur Vorfrage, ob eine Ehe überhaupt oder noch besteht, s. *Heiß/Born/Henrich,* Kap. 31 Rdnr. 42 ff. und Kap. 32 Rdnr. 11.

wechsels an das Recht des Staates des neuen gewöhnlichen Aufenthalts anzuwenden (Art. 3 II UntProt). Das gilt – anders als vor dem Inkrafttreten des UntProt – nicht nur für einen getrennt lebenden, sondern auch für einen geschiedenen Ehegatten. Kehrt also die in Rumänien nach rumänischem Recht geschiedene deutsche Ehefrau nach der Scheidung von ihrem rumänischen Ehemann nach Deutschland zurück, richtet sich ihr Unterhaltsanspruch fortan nach deutschem Recht (s. aber unten Rdnr. 135). Eine vor dem Statutenwechsel getroffene Unterhaltsvereinbarung bleibt allerdings unberührt (Art. 46 Brüssel IIa-VO). Dasselbe gilt für einen rechtskräftigen Titel. Nach dem Statutenwechsel ist jedoch das mit einem Abänderungsbegehren befasste Gericht nicht mehr an das in der früheren Entscheidung angewandte Unterhaltsstatut gebunden[107].

128 Ein **Statutenwechsel** kann die Situation des geschiedenen Ehegatten sowohl verbessern als auch verschlechtern. Kehrt z.B. eine deutsche Ehefrau, die nach kurzer Ehe in Rumänien dort geschieden worden und im Scheidungsurteil für allein schuldig erklärt worden war (mit der Folge, dass sie nur für ein Jahr Unterhaltsansprüche geltend machen konnte, Art. 389 IV ZGB) nach Deutschland zurück, so kann sie nunmehr nach deutschem Recht auch über die Jahresfrist hinaus Unterhalt verlangen, z.B. wegen Betreuung eines noch nicht drei Jahre alten Kindes (§ 1570 BGB). Umgekehrt kann der Unterhaltsanspruch einer Ehefrau, der nach dem ursprünglichen Unterhaltsstatut ein fester Prozentsatz des Einkommens ihres Mannes für unbestimmte Zeit zustand, nach der Übersiedlung nach Deutschland zeitlich befristet und der Höhe nach herabgesetzt werden.

c) Ausnahmen

129 Von der Regel, dass sich Unterhaltsansprüche nach dem Recht am gewöhnlichen Aufenthalt des Bedürftigen richten, gibt es drei Ausnahmen: Wahl eines anderen Rechts durch die Ehegatten, engere Beziehung zu dem Recht eines anderen Staates, vorrangige internationale Abkommen.

Anders als nach dem bis zum Geltungsbeginn des Haager UntProt geltenden Recht gibt es für getrennt lebende Ehegatten keine Kaskadenanknüpfung mehr, wie sie das Haager Unterhaltsübereinkommen von 1973 bzw. Art. 18 a.F. EGBGB vorgesehen hatten, also die hilfsweise Anknüpfung an die gemeinsame Staatsangehörigkeit, wenn dem Bedürftigen nach dem Recht am gewöhnlichen Aufenthalt kein Unterhaltsanspruch zustand, und die Anknüpfung an die lex fori, wenn sich auch aus der gemeinsamen Staatsangehörigkeit kein Unterhaltsanspruch ergab. Weggefallen ist auch die vorrangige Geltung deutschen Rechts, wenn beide Ehegatten deutsche

---

107 BGH FamRZ 2015, 479, 483, mit Anm. *Heiderhoff.*

Staatsangehörige waren und ein Ehegatte Trennungs- oder nachehelichen Unterhalt geltend machte.

(1) Rechtswahl

Das Haager UntProt unterscheidet zwei Fälle einer Rechtswahl: die Wahl der lex fori (Art. 7) und die vorausschauende Rechtswahl (Art. 8). 130

Wenn ein unterhaltsbedürftiger Ehegatte, der seinen gewöhnlichen Aufenthalt im Ausland hat, Unterhaltsansprüche gegen seinen Ehegatten in Deutschland geltend macht, müsste das angerufene Gericht nach der Regel des Art. 3 UntProt ein ihm fremdes Recht, nämlich das Recht am gewöhnlichen Aufenthalt des Unterhaltsklägers, anwenden. In einem solchen Fall können sich die Parteien einigen, dass das angerufene Gericht den Rechtsstreit nach seinem eigenen Recht entscheiden soll (Art. 7 UntProt). Das erleichtert die Prozessführung und dient der Beschleunigung des Verfahrens. Es entfällt die Notwendigkeit, über den Inhalt des fremden Rechts Rechtsauskünfte einzuholen.

Die Rechtswahl erfolgt hier allein für die **Zwecke eines einzelnen Verfahrens**, sei es unmittelbar vor dessen Einleitung oder sei es im Verfahren selbst. Verlangt wird eine ausdrückliche Bestimmung durch die Parteien. Das Gericht kann sich also nicht auf eine stillschweigende oder konkludente Rechtswahl berufen. Es genügt darum nicht, wenn sich der Kläger auf die Vorschriften des deutschen Rechts beruft und die Beklagte dem nicht widerspricht. Erfolgt die Rechtswahl vor der Einleitung des Verfahrens, so schreibt das Gesetz eine von beiden Parteien unterschriebene Vereinbarung in Schriftform oder erfasst auf einem Datenträger vor, dessen Inhalt für eine spätere Einsichtnahme zugänglich ist (Art. 7 II UntProt). Im Verfahren selbst genügt eine mündliche Erklärung zu Protokoll entweder durch die Parteien selbst oder durch ihre zur Erklärung einer Rechtswahl bevollmächtigten Vertreter. 131

Neben der Wahl der lex fori für die Zwecke eines einzelnen Verfahrens (Art. 7 UntProt) sieht Art. 8 UntProt auch eine **vorausschauende Rechtswahl** vor, d.h. eine Rechtswahl für den Fall eines späteren Unterhaltsrechtsstreits. Eine solche vorausschauende Rechtswahl kann z.B. in einem Ehevertrag vereinbart werden. Die Ehegatten können aber nicht jedes beliebige Recht wählen. Wählbar sind 132

a) das Recht des Staates, dem eine der Parteien im Zeitpunkt der Rechtswahl (also z.B. bei Abschluss des Ehevertrags) angehört;

b) das Recht des Staates, in dem eine der Parteien im Zeitpunkt der Rechtswahl ihren gewöhnlichen Aufenthalt hat;

c) das Recht, das die Parteien als das auf ihren Güterstand anzuwendende Recht bestimmt haben, oder das tatsächlich darauf angewandte Recht;

d) das Recht, das die Parteien als das auf ihre Ehescheidung oder Trennung ohne Auflösung der Ehe anzuwendende Recht bestimmt haben, oder das tatsächlich auf diese Ehescheidung oder Trennung angewandte Recht.

133 Auf diese Weise können z.B. deutsche Ehegatten, die mit der Möglichkeit rechnen, längere Zeit im Ausland zu verbringen, ihr Heimatrecht als Unterhaltsstatut wählen. Ob diese Vereinbarung freilich den beabsichtigten Zweck erreicht, hängt davon ab, ob die Gerichte des Staates, in dem die Eheleute später leben, die Rechtswahl als verbindlich betrachten. Das ist in einem Vertragsstaat des Haager UntProt gewährleistet, kann in einem Drittstaat aber zweifelhaft sein. Deswegen empfiehlt es sich, mit der Rechtswahl eine Gerichtsstandsvereinbarung (gem. Art. 4 EuUntVO) zu verbinden, damit die Unterhaltsklage vor den Gerichten eines Vertragsstaats des UntProt erhoben werden kann.

134 Auch für eine Rechtswahl nach Art. 8 UntProt gilt die in Art. 7 II UntProt vorgeschriebene Form. Darüber hinaus sieht Art. 8 UntProt eine **Inhaltskontrolle** der Vereinbarung vor. Zum einen ist für die Frage, ob ein Ehegatte auf seinen Unterhaltsanspruch **verzichten kann**, das Recht des Staates maßgebend, in dem „die berechtigte Person" im Zeitpunkt der Rechtswahl ihren gewöhnlichen Aufenthalt hat (Art. 8 IV UntProt). Dadurch soll verhindert werden, dass durch eine Rechtswahl die am gewöhnlichen Aufenthalt des schwächeren Partners bestehenden Regeln zur Inhaltskontrolle einer solchen Vereinbarung umgangen werden. Zum anderen findet die Rechtswahl eine Grenze an einer allgemeinen **Ausnahmeklausel**: Das von den Eheleuten bestimmte Recht ist nicht anzuwenden, wenn seine Anwendung für eine der Parteien offensichtlich unbillig ist oder unangemessene Folgen hätte, es sei denn, dass die Parteien im Zeitpunkt der Rechtswahl umfassend unterrichtet und sich der Folgen ihrer Wahl vollständig bewusst waren (Art. 8 V UntProt). „Umfassende Unterrichtung" wird in aller Regel nur durch rechtskundige Beistände gewährleistet werden können. Auf „offensichtliche Unbilligkeit" kann sich nicht nur der unterhaltsbedürftige, sondern auch der unterhaltspflichtige Ehegatte berufen, etwa in den Fällen, in denen er sich bei Geltung deutschen Rechts auf die §§ 1578b oder 1579 BGB berufen könnte, während diese Gründe ihn nach dem anzuwendenden Recht nicht zu einer Herabsetzung oder Versagung des Unterhalts berechtigen. In Extremfällen kann schließlich auch die Berufung auf den ordre public (Art. 13 UntProt) in Frage kommen.

(2) Engere Beziehungen zu dem Recht eines anderen Staates

Das bisher geltende Recht enthielt einige Ungereimtheiten, insbesondere die Besserstellung des getrennt lebenden Ehegatten, zu dessen Gunsten das Recht eine Kaskadenanknüpfung vorsah (s.o. Rdnr. 129), gegenüber dem geschiedenen Ehegatten, dessen Unterhaltsansprüche (oder Unterhaltspflichten) ausschließlich nach dem Recht beurteilt wurden, nach dem die Ehe geschieden worden war. Außerdem schützte das bisher geltende Recht – durch die Regelanknüpfung an den gewöhnlichen Aufenthalt des unterhaltsbedürftigen Ehegatten – den Unterhaltspflichtigen nicht vor einem **forum shopping** seines Partners (durch Verlegung des gewöhnlichen Aufenthalts), der dadurch seine Chancen für eine ihm günstigere Unterhaltsregelung verbessern wollte. Beiden Schwachstellen sucht das UntProt zu begegnen. Zum einen hat es die unterschiedliche Anknüpfung in den Fällen des Getrenntlebendenunterhalts und des Geschiedenenunterhalts beseitigt (s.o. Rdnr. 125). Zum anderen schiebt sie dem forum shopping in Art. 5 UntProt einen Riegel vor. Nach dieser Vorschrift findet in Bezug auf Unterhaltspflichten zwischen Ehegatten und früheren Ehegatten Art. 3 UntProt, also die Regelanknüpfung an den – jeweiligen – gewöhnlichen Aufenthalt der berechtigten Person, keine Anwendung, wenn sich eine der Parteien dagegen wendet und das Recht eines anderen Staates, insbesondere des Staates des letzten gemeinsamen gewöhnlichen Aufenthalts der Ehegatten, zu der betreffenden Ehe eine engere Verbindung aufweist. In diesem Fall soll das Recht dieses anderen Staates an die Stelle der Regelanknüpfung treten. Wenn also die Ehefrau, die am gewöhnlichen Aufenthalt der Eheleute damit rechnen muss, keinen oder nur geringen oder nur für kurze Zeit Trennungs- oder Scheidungsunterhalt zu bekommen (z.B. weil ihr die Schuld an der Zerrüttung vorgeworfen wird oder weil generell Eheleuten ein nachehelicher Unterhalt verweigert oder nur für wenige Monate zugesprochen wird), ihren gewöhnlichen Aufenthalt vor oder nach der Scheidung nach Deutschland verlegt, kann der Ehemann ihrem Unterhaltsanspruch entgegenhalten, dass zu dem Recht ihres letzten gemeinsamen gewöhnlichen Aufenthalts eine wesentlich engere Beziehung bestehe als zum deutschen Recht und dass darum der Unterhaltsanspruch nach dem Recht des letzten gemeinsamen gewöhnlichen Aufenthalts zu beurteilen sei. Art. 5 UntProt stellt damit die Parallelvorschrift zu Art. 8 V UntProt dar. Art. 5 UntProt hat aber nicht nur die Fälle eines forum shopping im Auge. Er schützt auch den Ehegatten, der nach der Scheidung in seine Heimat zurückkehrt, nachdem er während der gesamten Ehedauer in Deutschland gelebt hat, und nunmehr nach dem Recht seines jetzigen gewöhnlichen Aufenthalts unterhaltsrechtlich schlechter dastünde, als wenn er in Deutschland geblieben wäre. Macht er nun vor einem deutschen Gericht Unterhaltsansprüche gegen seinen in Deutschland verbliebenen frü-

135

heren Ehegatten geltend, so ist sein Unterhaltsanspruch abweichend von Art. 3 UntProt gem. Art. 5 UntProt nach deutschem Recht zu beurteilen.

(3) Vorrangige internationale Abkommen

136   Das Haager UntProt ersetzt „im Verhältnis zwischen den Vertragsstaaten" das Haager Übereinkommen über das auf Unterhaltspflichten anwendbare Recht (HUÜ) v. 2.10.1973 (Art. 18 Haager UntProt). Das heißt, dass das Übereinkommen von 1973 weiterhin anwendbar ist im Verhältnis zu den Vertragsstaaten des HUÜ 1973, die das Haager UntProt (noch) nicht übernommen haben. Das sind Albanien, Japan, die Schweiz und die Türkei. Geht es also um den Anspruch einer in Deutschland lebenden Türkin auf nachehelichen Unterhalt gegen ihren in der Türkei lebenden früheren Ehemann ebenfalls türkischer Staatsangehörigkeit, so gilt für diesen Unterhaltsanspruch nicht das deutsche Recht ihres gewöhnlichen Aufenthalts, sondern gemäß Art 8 HUÜ das Recht, nach dem ihre Ehe geschieden wurde, bei einer Scheidung in der Türkei also das gemeinsame – türkische – Heimatrecht der Parteien[108].

137   Von dem HUÜ von 1973 abgesehen, ist von den deutschen Gerichten nur noch ein weiteres Übereinkommen zu berücksichtigen, das den Regeln des UntProt vorgeht, nämlich das **deutsch-iranische Niederlassungsabkommen** v. 17.2.1929 (RGBl. 1930 II 1006; BGBl. 1955 II 829). Nach Art. 8 III dieses Abkommens bleiben in Bezug auf das Personen-, Familien- und Erbrecht die Angehörigen jedes der vertragschließenden Staaten im Gebiet des anderen Staates den Vorschriften ihrer heimischen Gesetze unterworfen. Die Anwendung dieser Gesetze kann von dem anderen vertragschließenden Staat nur ausnahmsweise und nur insoweit ausgeschlossen werden, als ein solcher Ausschluss allgemein gegenüber jedem anderen Staat erfolgt. Das bedeutet, dass sich zwischen iranischen Ehegatten der Unterhaltsanspruch ausschließlich nach iranischem Recht richtet, also das Aufenthaltsrecht außer Betracht zu bleiben hat. Eine Ausnahme gilt nur dann, wenn die Anwendung iranischen Rechts im konkreten Fall gegen den deutschen ordre public verstoßen würde[109].

---

108   Vgl. *Henrich*, Im Labyrinth des internationalen Unterhaltsrechts, FamRZ 2015, 1761, 1763; *Staudinger/Mankowski* (2016) Art. 2 HUP Rdnr. 6 ff.; s. auch BGH, IPRax 2014, 345, m. Anm. *Andrae*, S. 326; a.A. *Kroll-Ludwigs*, Das Verhältnis von Haager Unterhaltsprotokoll (2007) und Haager Unterhaltsübereinkommen (1973): lex posterior derogat legi priori?, IPRax 2016, 34.

109   Der Umstand, dass die Unterhaltspflicht des Ehemanns mit der Ehescheidung endet, verstößt allein nicht gegen den deutschen ordre public, da die Ehefrau im Fall der Auflösung der Ehe durch die schon bei der Eheschließung versprochene (und häufig bis zur Ehescheidung ganz oder teilweise gestundete) Braut- oder Morgengabe regelmäßig abgesichert ist. Ist dies nicht der Fall, kommt eine Berufung auf den ordre public infrage, z.B. wenn die Frau

d) Unterhaltsbemessung

Das Unterhaltsstatut entscheidet, „in welchem Umfang" Unterhalt verlangt werden kann (Art. 11 lit. a UntProt). Es hängt damit grundsätzlich vom Unterhaltsstatut ab, ob der Berechtigte vollen oder notdürftigen oder überhaupt Unterhalt verlangen kann, ob und unter welchen Voraussetzungen sein Unterhaltsanspruch herabgesetzt oder befristet werden kann, wann er verjährt sowie welchen Rang er neben anderen Unterhaltsansprüchen (der Kinder oder eines anderen Ehegatten) einnimmt. So kann z.B. nach italienischem Recht eine Ehefrau, der im Trennungsprozess die Verantwortlichkeit für die Trennung angelastet worden ist, nicht angemessenen Unterhalt (mantenimento), sondern nur notwendigen Unterhalt (alimenti) verlangen[110]. Nach türkischem Recht steht einer Ehefrau Trennungsunterhalt nur bei berechtigtem Getrenntleben zu[111]. Im russischen Recht wird einer erwerbsfähigen Ehefrau Trennungsunterhalt nur unter bestimmten Voraussetzungen zugesprochen (während der Schwangerschaft und bis zum 3. Geburtstag des Kindes sowie bei Pflege eines gemeinsamen behinderten Kindes)[112].

138

Richtet sich der Unterhaltsanspruch nach deutschem Recht, weil der unterhaltsbedürftige Ehegatte seinen gewöhnlichen Aufenthalt in Deutschland hat, so ist die Bemessung des Unterhalts im Allgemeinen unproblematisch. Er richtet sich nach den ehelichen Lebensverhältnissen (§ 1578 BGB). Lebt der unterhaltspflichtige Ehegatte allerdings im Ausland, so können auch die dortigen Lebensverhältnisse nicht unberücksichtigt bleiben. Ein niedrigeres Lohnniveau kann die Leistungsfähigkeit beeinträchtigen. In Art. 14 UntProt heißt es dazu: Bei der Bemessung des Unterhalts sind die Bedürfnisse der berechtigten Person und die wirtschaftlichen Verhältnisse der verpflichteten Person zu berücksichtigen, selbst wenn das anzuwendende Recht etwas anderes bestimmt. Diese Regel betrifft nicht nur den Fall, dass das anzuwendende Recht Unterhaltsansprüche auch einem Ehegatten zuspricht, der nicht bedürftig ist, sondern auch den Fall, dass ein Ehegatte zu Leistungen verpflichtet wird, die seine Leistungsfähigkeit übersteigen. Dabei werden die Grenzen der Leistungsfähigkeit des unter-

139

---

wegen Betreuung eines gemeinsamen Kindes nicht in der Lage ist, ihren Lebensunterhalt sicherzustellen; vgl. OLG Zweibrücken FamRZ 2001, 920; OLG Hamm FamRZ 2016, 1926.
110 OLG Stuttgart FamRZ 2004, 1496; zur Bemessung des Trennungsunterhalts nach den ehelichen Lebensverhältnissen s. zuletzt Cass. civ. FamRZ 2017, 1131, m. Anm. *Henrich*.
111 OLG Stuttgart FamRZ 2008, 1754; zur Frage, wie die Bedürfnisse eines Berechtigten nach türkischem Recht zu bestimmen sind, vgl. OLG Nürnberg FamRZ 2008, 1755; zum Bedürftigkeitsunterhalt nach türkischem Recht s. auch *Özen/Odendahl*, FamRBint 2010, 33, 90; 2011, 35.
112 OLG Nürnberg FamRZ 2010, 2077; zum Begriff der Bedürftigkeit als Voraussetzung für einen Anspruch auf nachehelichen Unterhalt vgl. OLG Karlsruhe FamRZ 2008, 896.

haltspflichtigen Ehegatten durch den Selbstbehalt bestimmt, den er im Land seines gewöhnlichen Aufenthalts geltend machen kann. Der unterhaltsbedürftige Ehegatte kann (z.B.) nicht – nach dem Recht an seinem gewöhnlichen Aufenthalt – die Hälfte des Nettoeinkommens des anderen Ehegatten verlangen, wenn in seinem Aufenthaltsstaat die Lebenshaltungskosten erheblich niedriger sind als im Aufenthaltsstaat des Pflichtigen. Bedarf und Leistungsfähigkeit können nur nach den Lebensumständen im Land des gewöhnlichen Aufenthalts der Beteiligten ermittelt werden[113]. Aus diesem Grund können z.b. trotz grundsätzlicher Anwendbarkeit fremden Rechts die deutschen Unterhaltsrichtlinien herangezogen werden, wenn es um die Leistungsfähigkeit eines Ehegatten geht, der seinen gewöhnlichen Aufenthalt in der Bundesrepublik hat[114]. Umgekehrt ist bei gewöhnlichem Aufenthalt des Unterhaltspflichtigen im Ausland seine Leistungsfähigkeit nach den dort herrschenden Lebensumständen zu bemessen, aber auch nach seinen Unterhaltspflichten gegenüber dort lebenden Personen, unabhängig davon, ob diese auch nach deutschem Recht unterhaltsberechtigt wären.

140   Wenn es darum geht, welche Geldbeträge ein im Ausland lebender Unterhaltsberechtigter benötigt, um den ihm gebührenden Lebensstandard aufrecht zu erhalten, sind vielfach die **vergleichenden Länderangaben** hilfreich, wie sie von Zeit zu Zeit im BStBl veröffentlicht werden (zuletzt mit Wirkung ab 1.1.2017, BMF-Schreiben 20.10.2016, Stichwort „Ländergruppeneinteilung"). Dort wird jeweils angegeben, in welcher Höhe der örtliche Unterhaltsbedarf dem inländischen entspricht. Nach dieser Tabelle entspricht etwa der Unterhaltsbedarf eines in der Türkei lebenden Unterhaltsberechtigten der Hälfte des Betrages, der im Inland zu zahlen wäre[115]. Dasselbe gilt für Kroatien, Polen und Russland[116]. In Griechenland, Lettland und Litauen sind es drei Viertel, in der Ukraine ein Viertel. Dagegen entsprechen die Beträge z.B. in Italien[117], Spanien[118], Österreich oder der Schweiz[119] in voller Höhe den in Deutschland aufzuwendenden

---
113   OLG Hamm FamRZ 1980, 447; OLG Stuttgart FamRZ 2008, 1754.
114   OLG Frankfurt, FamRZ 1982, 275.
115   Zum türkischen Recht s. auch *Özen/Odendahl*, FamRBint 2010, 33, 90; 2011, 35 sowie OLG Stuttgart FamRZ 2014, 850.
116   Zum nachehelichen Unterhalt nach russischem Recht vgl. OLG Karlsruhe FamRZ 2009, 1594; zum Anspruch auf Trennungsunterhalt einer in Russland lebenden Ehefrau vgl. OLG Nürnberg FamRZ 2010, 2077.
117   Zur Bemessung des nachehelichen Unterhalts nach italienischem Recht s. zuletzt Cass. civ. FamRZ 2017, 1131, m. Anm. *Henrich*.
118   Zur Höhe des nachehelichen Unterhalts nach spanischem Recht vgl. OLG München FamRZ 2009, 1593.
119   Zur Unterhaltsbemessung nach griechischem Recht vgl. OLG Düsseldorf FamRZ 2012, 380; zum schweizerischen Recht vgl. *Vetterli*, Zur Bemessung des nachehelichen Unterhalts, AJP 2009, 575.

Beträgen. Zu Unterhaltsrichtlinien in den USA und Kanada vgl. *Dethloff/ Gutdeutsch/Kremer*, FamRZ 2010, 1708, 1713 sowie OLG Karlsruhe FamRZ 2016, 237 (Herabsetzung im Hinblick auf den Kaufkraftschwund in Florida um 9%), zum nachehelichen Unterhalt in England vgl. *Amos*, Unterhalt für Kinder und geschiedene Ehegatten nach dem englischen Rechtssystem, FamRZ 2012, 500. Dabei ist allerdings zu berücksichtigen, dass die Angaben in der Ländergruppeneinteilung nicht den genauen Unterhalt festlegen, sondern nur die Frage der steuerlichen Absetzbarkeit von Unterhaltszahlungen ins Ausland regeln wollen. Der tatsächliche Bedarf des Bedürftigen wird häufig über – zuweilen aber auch unter – den Sätzen liegen, die sich aus der Tabelle ergeben[120].

Genauere Zahlen liefert darum ein **Warenkorbvergleich**, wie er von vielen Gerichten angestellt wird. Angaben dazu finden sich in der EUROSTAT-Statistik „Vergleichende Preisniveaus des Endverbrauchs der privaten Haushalte einschließlich indirekter Steuern". Auf sie verweist auch der Bundesgerichtshof (BGH FamRZ 2014, 1536). Dort werden die Lebenshaltungskosten in den verschiedenen Ländern mit einem Prozentsatz des für Europa errechneten Mittelwerts (100) angegeben. Für Deutschland beträgt dieser Prozentsatz beispielsweise (2013) 102, für die Schweiz 155, für Polen 56, für die Türkei 65. In der Schweiz sind die Lebenshaltungskosten höher, in Polen und der Türkei niedriger als in Deutschland. In Polen belaufen sie sich auf 56:102=) 54,9% der Lebenshaltungskosten in Deutschland, in der Türkei auf (65:102=) 63,7%. Hätte also z.B. der in Deutschland lebende Unterhaltsberechtigte einen Unterhaltsanspruch in Höhe von 1000 Euro, so brauchen an den in Polen lebenden Berechtigten nur 549 Euro, an den in der Türkei lebenden Berechtigten 637 Euro gezahlt zu werden, an den in der Schweiz lebenden Berechtigten dagegen 1520 Euro. 141

Der Warenkorbvergleich hat gegenüber der Länderübersicht den Vorzug größerer Genauigkeit. Aber auch er liefert nicht immer verlässliche Zahlen. So hat das OLG Stuttgart (FamRZ 2014, 850) zurecht darauf hingewiesen, dass die Lebenshaltungskosten in den türkischen Großstädten erheblich höher sind als in den ländlichen Gemeinden und z.B. in Istanbul nur um 8% unter den Lebenshaltungskosten in Berlin liegen. Die in der Statistik angegebenen Lebenshaltungskosten beziehen sich auf das ganze Land, sind also Durchschnittswerte. Der Warenkorbvergleich kann darum im Einzelfall korrekturbedürftig sein. 142

Geht es um den nachehelichen Unterhalt und kehrt der unterhaltsbedürftige Ehegatte nach der Ehescheidung in seine ausländische Heimat zurück, so richtet sich sein Unterhaltsanspruch zwar grundsätzlich nach dem Recht seines nunmehrigen gewöhnlichen Aufenthalts. Es kann sich aber 143

---

120 Vgl. zur Türkei OLG Stuttgart FamRZ 2014, 850.

im konkreten Fall ein höherer Bedarf als sonst an seinem gewöhnlichen Aufenthalt üblich ergeben, wenn er jahrelang in Deutschland gelebt hat und der Warenkorb hier voller, der Lebensstandard somit höher war als an seinem jetzigen Aufenthaltsort (Art. 5 HUP)[121]. Wurde umgekehrt die Ehe im Ausland geführt und ist nach der Ehescheidung der unterhaltspflichtige Ehegatte nach Deutschland übersiedelt, so kann der in der alten Heimat zurückgebliebene Ehegatte keine Erhöhung der Unterhaltszahlung verlangen, weil der Unterhaltspflichtige in Deutschland mehr verdiene als bisher: Es liegt eine unerwartete, vom normalen Verlauf erheblich abweichende Entwicklung vor, die keine Abänderung eines Unterhaltstitels rechtfertigt[122].

e) Ordre public

144 Nach allgemeiner Auffassung verstößt es grundsätzlich nicht gegen den deutschen ordre public, wenn das anzuwendende Recht einem Ehegatten nachehelichen Unterhalt verweigert oder in nur geringerem Umfang gewährt, als nach deutschem Recht verlangt werden könnte[123]. Hier kann gelegentlich mit Hilfe des Art. 15 UntProt geholfen werden, wonach bei der Bemessung des – grundsätzlich zugestandenen – Unterhalts die Bedürfnisse der berechtigten Person und die wirtschaftlichen Verhältnisse der verpflichteten Person zu berücksichtigen sind, selbst wenn das anzuwendende Recht etwas anderes bestimmt. Ein Rückgriff auf den ordre public, den Art. 13 UntProt (ebenso im Verhältnis zu Albanien, Japan, der Schweiz und der Türkei Art. 11 HUÜ) ermöglicht, ist nur noch in Ausnahmefällen denkbar, etwa wenn das Unterhaltsstatut einer schuldig geschiedenen Ehefrau oder – nach islamischem Recht – einer Ehefrau nach Ablauf der gesetzlichen Wartefrist bis zu einer Wiederverheiratung (ca. drei Monate) keinen Anspruch auf nachehelichen Unterhalt zubilligt, die unterhaltsbedürftige Ehefrau wegen der erforderlichen Betreuung eines ehegemeinschaftlichen Kindes aber ohne erhebliche Vernachlässigung ihrer Elternpflichten nicht in der Lage ist, ihren eigenen Lebensbedarf sicherzustellen[124]. Hat ein Ehegatte in einem Ehevertrag auf nachehelichen Unterhalt

---

121 Vgl. OLG Nürnberg FamRZ 2008, 1755.
122 Vgl. OLG Hamm FamRZ 1989, 625.
123 BGH FamRZ 1991, 925, 927.
124 OLG Zweibrücken FamRZ 1997, 93; 2001, 920. Nach manchen islamischen Rechten ist aber der Kindesunterhalt so zu bemessen, dass er die Betreuung durch die Mutter ermöglicht. Zur Frage, ob eine Berufung auf den ordre public auch dann möglich ist, wenn das für einen Ehegatten nachteilige Recht von den Ehegatten – nach umfassender Unterrichtung und im Bewusstsein der Folgen der Rechtswahl – nach Art. 8 UntProt gewählt worden ist, vgl. *Henrich*, Rechtswahl im Unterhaltsrecht nach dem Haager Protokoll, in: *A. Roth*, Die Wahl ausländischen Rechts im Familien- und Erbrecht (2013), S. 53, 61.

verzichtet oder sich mit erheblichen Einschränkungen einverstanden erklärt, bleibt es dem Gericht in jedem Fall unbenommen, eine Inhaltskontrolle des Ehevertrages nach deutschen Maßstäben durchzuführen (zum Verzicht s. auch Art. 8 IV UntProt und oben Rdnr. 134).

f) Währungs- und Transferprobleme

Unterhaltsschulden sind Geldwertschulden, die nicht notwendig in einer bestimmten Währung befriedigt werden müssen, sofern nicht devisenrechtliche Bestimmungen entgegenstehen. Üblicherweise pflegt der Unterhaltsberechtigte Zahlung in der Währung seines gewöhnlichen Aufenthalts zu verlangen. Der Unterhaltsberechtigte kann aber gute Gründe haben (z.b. wegen der hohen Inflationsrate der Währung in seinem Aufenthaltsstaat), Zahlung in der Währung des Aufenthaltsstaats des Verpflichteten zu fordern. Einer solchen Forderung ist grundsätzlich stattzugeben, es sei denn, dass der Unterhaltspflichtige ein besonderes Interesse daran hat, den Unterhaltsbedarf durch Leistung in der am Aufenthaltsort des Berechtigten geltenden Währung zu befriedigen (z.b. wenn er über ständige Einkommensquellen in diesem Land verfügt)[125]. In einem solchen Fall hat das Gericht zu prüfen, ob die Berücksichtigung der Interessen des Unterhaltsschuldners dem Unterhaltsberechtigten zumutbar ist. Von diesem Recht, zwischen den beiden in Frage kommenden Währungen zu wählen, kann auch noch im Fall einer Abänderungsklage Gebrauch gemacht werden (unabhängig davon, in welcher Währung der Unterhalt ursprünglich zugesprochen wurde)[126]. Devisenrechtliche Beschränkungen, die früher häufig einen Transfer in der Währung des Unterhaltsgläubigers untersagten und Zahlung in der (harten) Währung am Aufenthaltsort des Schuldners verlangten, sind heute selten geworden. Wo sie noch bestehen, sind sie jedoch zu beachten.

145

3. Qualifikationsprobleme

a) Auskunftsanspruch

Der Auskunftsanspruch ist nach demselben Statut zu beurteilen wie der Unterhaltsanspruch, dessen Feststellung er ermöglichen und erleichtern soll[127].

146

---

125 Vgl. *Staudinger/Mankowski* (2016) Art 11 HUP Rdnr. 17.
126 BGH FamRZ 1992, 1060, 1063; KG FamRZ 1993, 976; 1994, 759; AmtsG Kerpen FamRZ 1997, 436.
127 BGH FamRZ 1982, 1189; OLG Köln FamRZ 2003, 544; OLG Bamberg FamRZ 2005, 1682.

147   Kennt das Unterhaltsstatut keinen materiellrechtlichen Auskunftsanspruch, weil im Unterhaltsprozess die Untersuchungsmaxime gilt, so ist dieser Normenmangel im Wege der Angleichung in der Weise zu beheben, dass ein materiellrechtlicher Anspruch (wie er nach deutschem Recht besteht) gewährt wird[128]. Mit dem Inkrafttreten des FamFG bietet es sich überdies an, auf den verfahrensrechtlichen Auskunftsanspruch des § 235 FamG zurückzugreifen.

b) Verfahrenskostenvorschuss

148   Wie der Anspruch auf einen Verfahrenskostenvorschuss zu qualifizieren ist, ist (oder war zumindest lange Zeit) bestritten. Während man zunächst (vor der Einfügung des § 1360a IV in das BGB durch das Gleichberechtigungsgesetz v. 18.6.1957) den Anspruch dem Güterrecht zuordnete, später dann entweder Art. 14 EGBGB (persönliche Ehewirkungen) anwandte oder den Anspruch prozessrechtlich qualifizierte (Anwendung der lex fori), sieht die h.M. heute in dem Anspruch auf Verfahrenskostenvorschuss einen unterhaltsrechtlichen Anspruch[129].

149   Das bedeutet: Der Anspruch auf Verfahrenskostenvorschuss richtet sich grundsätzlich nach dem Recht am gewöhnlichen Aufenthalt des Unterhaltsberechtigten. Meist wird diese Regel zur Anwendung deutschen Rechts führen, wenn nämlich im Inland über Unterhalt gestritten wird. Ausländisches Recht ist bei dieser Qualifikation auf den Verfahrenskostenvorschussanspruch nur noch dann anzuwenden, wenn der Unterhaltsberechtigte seinen gewöhnlichen Aufenthalt im Ausland hat.

150   Das Unterhaltsstatut gilt auch dann, wenn Unterhalt im Wege der einstweiligen Anordnung zugesprochen werden soll oder wenn vor Anhängigkeit einer Ehesache ein Anspruch auf Unterhalt/Verfahrenskostenvorschuss im Wege der einstweiligen Verfügung geltend gemacht wird. Müsste in einem solchen Fall ausländisches Recht angewandt werden, so ist es allerdings zulässig, ausnahmsweise auf die lex fori zurückzugreifen, wenn schnell zu befinden und das anwendbare ausländische Recht nicht sofort zu ermitteln ist[130].

---

128 OLG Hamm FamRZ 1993, 69; *Kegel/Schurig*, IPR, 9. Aufl. 2004, § 20 VI 2.
129 KG FamRZ 1988, 167; OLG Köln FamRZ 1995, 680; *Staudinger/Mankowski* (2016) Art. 1 HUP Rdnr. 5.
130 OLG Düsseldorf FamRZ 1974, 456; OLG Düsseldorf FamRZ 1975, 634; OLG Oldenburg FamRZ 1981, 1176; *Heiß/Born/Henrich*, Unterhaltsrecht Kap. 31 Rdnr. 56.

c) **Wohnung und Haushaltsgegenstände**

Ansprüche auf Herausgabe von **Haushaltsgegenständen** oder auf Zuweisung der **Ehewohnung** wurden früher teils an Art. 14 oder Art. 17 EGBGB, teils an Art. 18 EGBGB angeknüpft. Heute gilt dafür – wenn die Ehewohnung im Inland belegen ist oder die Haushaltsgegenstände sich im Inland befinden – die lex fori (Art. 17a EGBGB).

151

Art. 17a EGBGB handelt nur von der **Nutzungsbefugnis**. Er bezieht sich damit offenbar auf die §§ 1361a und 1361b BGB, in denen ebenfalls von der Regelung der Benutzung die Rede ist, wie nun ebenfalls auch in den §§ 1568a, 1568b BGB. Fraglich ist, ob die Verweisung auch solche Vorschriften einschließt, die einen Eigentumswechsel vorsehen (§ 1568b BGB). Als Regel gilt: Eigentum und Benutzungsbefugnis sind zu unterscheiden. Wer im Verhältnis der Ehegatten untereinander Eigentümer einer Wohnung oder von Haushaltsgegenständen ist oder als Eigentümer vermutet wird, bestimmt das Ehewirkungs- oder Ehegüterrechtsstatut (bei Geltung deutschen Rechts: §§ 1362 II, 1363, 1416 BGB). Die sich daraus ergebenden Eigentumsverhältnisse bleiben grundsätzlich unberührt, wenn der Richter die Benutzung regelt. So steht es ausdrücklich in § 1361a Abs. 4 BGB. Von diesem Grundsatz macht § 1568b Abs. 1 BGB indessen eine Ausnahme: Jeder Ehegatte kann verlangen, dass ihm der andere Ehegatte anlässlich der Scheidung die im gemeinsamen Eigentum stehenden Haushaltsgegenstände überlässt und übereignet, wenn er auf deren Nutzung in stärkerem Maße angewiesen ist als der andere Ehegatte oder dies aus anderen Gründen der Billigkeit entspricht. Obgleich ein Anspruch auf Übereignung mehr ist als ein bloßer Überlassungsanspruch zur Nutzung, ist anzunehmen, dass auch für diesen Übereignungsanspruch Art. 17a EGBGB gilt. Der Anspruch auf Übereignung hängt so eng mit dem Anspruch auf Überlassung zur Nutzung zusammen, dass es sachfremd wäre, sie in Fällen mit Auslandsberührung zu trennen. Aus dem Sachzusammenhang folgt dann auch die Anwendbarkeit der Abs. 2 und 3 des § 1568b BGB: Es wird Miteigentum vermutet und dem Ehegatten, der das Eigentum überträgt, ein Anspruch auf eine angemessene Ausgleichszahlung zugesprochen. Für die Eigentumsvermutung gilt hier also nicht – wie sonst – das Ehewirkungsstatut (Art. 14 EGBGB).

152

Auf die Ehewohnung, die im Ausland belegen ist, und auf Haushaltsgegenstände, die sich im Ausland befinden, bezieht sich Art. 17a EGBGB nicht. Die Fälle, in denen ein Ehegatte in einem deutschen Scheidungsverfahren den Antrag stellt, ihm die im Ausland belegene Ehewohnung und im Ausland befindliche Haushaltsgegenstände zu überlassen, dürften zwar selten sein, sind aber nicht ausgeschlossen. Man denke etwa an den Fall, dass ein Ehegatte die gemeinsame Wohnung in Deutschland verlassen hat,

153

in seine ausländische Heimat zurückgekehrt ist, und dabei Haushaltsgegenstände mitgenommen hat. In diesem Fall ist sowohl vorstellbar, dass der in Deutschland verbliebene Ehegatte die Rückerstattung dieser Gegenstände verlangt, als auch, dass er zwar bereit ist, diese Gegenstände dem anderen Ehegatten zu übereignen, dafür aber eine Ausgleichszahlung begehrt. Bei der im Ausland belegenen Ehewohnung kann es sein, dass der im Ausland verbliebene Ehegatte die Überlassung der Ehewohnung zur alleinigen Nutzung begehrt oder der nach Deutschland zurückgekehrte Ehegatte eine Aufteilung der Wohnung verlangt. In all diesen Fällen stellt sich die Frage nach dem anwendbaren Recht. In Ermangelung einer spezifischen Kollisionsnorm wird man hier, wenn eine Regelung für die Zeit nach der Scheidung begehrt wird, auf das Scheidungsstatut zurückgreifen können: Die Regelung der Rechtsverhältnisse an der Ehewohnung und an den Haushaltsgegenständen ist eine Scheidungsfolge und sollte darum ebenso angeknüpft werden wie die Scheidung selbst. Das hat der Gesetzgeber nunmehr in der Neufassung des Art. 17 I EGBGB auch klargestellt: „Vermögensrechtliche Scheidungsfolgen, die nicht von anderen Vorschriften dieses Abschnitts erfasst sind, unterliegen dem nach der Verordnung (EU) Nr. 1259/2010 auf die Scheidung anzuwendenden Recht."

154 Was die in Art. 17a EGBGB erwähnten Betretungs-, Näherungs- und Kontaktverbote betrifft, so sind darunter nur solche Verbote zu verstehen, die einen Ehegatten an der Nutzung der im Inland belegenen Ehewohnung hindern. Für Gewaltschutzmaßnahmen nach dem Gewaltschutzgesetz, die in keinem Zusammenhang mit der Nutzungsbefugnis für die Ehewohnung stehen, gilt Art. 17a EGBGB nicht[131].

d) Ausgleichszahlungen

155 Manche Rechtsordnungen geben dem geschiedenen Ehegatten neben dem Unterhaltsanspruch oder anstelle eines solchen einen Anspruch auf eine Ausgleichszahlung. So tritt in Frankreich beispielsweise der Anspruch auf eine prestation compensatoire im Regelfall an die Stelle eines Unterhaltsanspruchs (soll den Ehegatten also auch für den Wegfall des Unterhaltsanspruchs entschädigen). In der Türkei hat der Ehegatte, der an der Scheidung nicht oder weniger schuldig ist, neben seinem Anspruch auf Unterhalt (der Bedürftigkeit voraussetzt) noch einen Schadensersatzanspruch, der ihn entschädigen soll für den Verlust des Ehegattenunterhalts, für den Verlust seiner Erbansprüche und seiner Versorgungsaussichten sowie für die Aufwendungen, die ihm durch den Umzug in eine neue Wohnung und deren Einrichtung entstehen. Das Gleiche dürfte auch für den

---

131 Vgl. *Bamberger/Roth/Heiderhoff*, Art. 17a EGBGB Rdnr. 21, 22.

dänischen Ausgleichsanspruch zutreffen[132]. Dagegen ist der financial relief, den die englischen Gerichte dem geschiedenen Ehegatten zusprechen, eher dem Güterrecht zuzurechnen[133]. Wegen der offensichtlichen Nähe zum Unterhaltsrecht hat man es bisher sowohl bei dem Ausgleichsanspruch des französischen Rechts als auch bei dem Entschädigungsrecht (anders jedoch als bei dem Anspruch auf Schmerzensgeld wegen Verletzung des Persönlichkeitsrechts) des türkischen Rechts zugelassen, den jeweiligen Anspruch unterhaltsrechtlich zu qualifizieren[134].

Bei der unterhaltsrechtlichen Qualifikation der prestation compensatoire und des türkischen Schadensersatzanspruchs nach Art. 174 I türk. ZGB kann es auch nach der Neufassung des Art. 17 I EGBGB verbleiben, der vermögensrechtliche Scheidungsfolgen dem Scheidungsstatut unterstellt, soweit sie nicht von anderen Vorschriften erfasst sind[135]. Als Unterhaltsansprüche sind die genannten Ansprüche von „anderen Vorschriften", nämlich dem Haager UntProt, erfasst. Das gilt aber nicht für den Anspruch auf ein Schmerzensgeld wegen Verletzung der Persönlichkeit nach Art. 174 II türk. ZGB. Für dessen Anknüpfung kommen zwei Kollisionsnormen in Betracht: das Deliktsstatut (Art. 40 EGBGB) oder das Scheidungsstatut (Art. 17 I EGBGB). Das Ergebnis wird im Regelfall dasselbe sein, nämlich die Anknüpfung an den (letzten) gemeinsamen gewöhnlichen Aufenthalt der Ehegatten (Art. 40 II S. 1 EGBGB, Art. 17 I EGBGB i.V. mit Art. 8 Rom III-VO)[136].

156

Die **Braut- oder Morgengabe** des islamischen Rechts wurde in der Vergangenheit vielfach als Unterhaltsanspruch qualifiziert, jedenfalls dann, wenn sie erst bei der Scheidung verlangt wurde. Andere sahen in ihr einen güterrechtlichen Anspruch. Demgegenüber ordnete sie der BGH in einer Grundsatzentscheidung den allgemeinen Ehewirkungen (Art. 14 EGBGB) zu[137]. Nach dem Geltungsbeginn der Europäischen Güterrechtsverordnung (29.1.2019) dürfte sie als „vermögensrechtliche Regelung, die zwischen den Ehegatten ... aufgrund der Ehe" gilt, dem Anwendungsbereich dieser Verordnung unterfallen[138].

---

132 Vgl. *Giesen* in *Bergmann/Ferid/Henrich,* Dänemark, S. 32.
133 Vgl. *Johannsen/Henrich,* Art. 18 EGBGB Rdnr. 4; *Staudinger/Mankowski* (2016) Art. 1 HUP Rdnr. 52.
134 Vgl. *Heiß/Born/Henrich,* Unterhaltsrecht Kap. 32 Rdnr. 17.
135 Vgl. *Staudinger/Mankowski* (2016) Art. 1 HUP Rdnr. 36 mit dem Hinweis, dass im Ausnahmefall auch eine Qualifikation der prestation compensatoire als Scheidungsfolge in Betracht gezogen werden kann.
136 Vgl. *Heiß/Born/Henrich,* Kap. 32 Rdnr. 19; *Hau,* FamRZ 2013, 249, 251.
137 BGH FamRZ 2010, 533, mit zust. Anm. *Henrich;* für eine unterhaltsrechtliche Qualifikation der „Abendgabe" OLG Hamm FamRZ 2016, 1926.
138 *Henrich,* ZfRV 2016, 171, 174.

4. Kindesunterhalt

157 Wird im Scheidungsverfahren auch Kindesunterhalt geltend gemacht, sind zwar nicht zur internationalen Zuständigkeit, wohl aber zum anwendbaren Recht einige Besonderheiten zu beachten.

a) Internationale Zuständigkeit

Zur internationalen Zuständigkeit vgl. die Ausführungen oben Rdnr. 104 ff. Maßgebend ist in erster Linie auch hier die EuUntVO, die seit ihrer Anwendbarkeit (18.6.2011) an die Stelle der bis dahin geltenden EuGVVO getreten ist, im Verhältnis zu Island, Norwegen und der Schweiz das LugÜ. Ergänzend ist darauf hinzuweisen, dass eine internationale Zuständigkeit auch dann besteht, wenn über den Kindesunterhalt als „Nebensache" zu einem Verfahren in Bezug auf die elterliche Verantwortung zu entscheiden ist und für dieses Verfahren das Gericht international zuständig ist, es sei denn, diese Zuständigkeit beruht einzig auf der Staatsangehörigkeit einer der Parteien (Art. 3 lit. d EuUntVO). Zu den nationalen Zuständigkeitsvorschriften s.o. Rdnr. 116.

b) Anwendbares Recht

158 Das auf den Kindesunterhalt anwendbare Recht ergibt sich seit dem 18.6.2011 primär aus dem Haager UntProt (s.o. Rdnr. 123). Von den bis dahin maßgebenden Haager Übereinkommen (Übk. über das auf Unterhaltsverpflichtungen gegenüber Kindern anzuwendende Recht v. 24.10. 1956 und Übk. über das auf Unterhaltspflichten anzuwendende Recht v. 2.10.1973) wird das Übereinkommen von 1956 von dem Haager Unterhaltsprotokoll nahezu völlig verdrängt (Art. 18 UntProt), weil fast alle Vertragsstaaten dieses Übereinkommens nunmehr auch Vertragsstaaten des UntProt sind (Ausnahmen: Liechtenstein und die chinesische Sonderverwaltungsregion Macau), während das Übereinkommen von 1973 nur noch im Verhältnis zu Albanien, Japan, der Schweiz und der Türkei Geltung hat, weil nur diese Staaten das UntProt (noch) nicht übernommen haben.

159 Während die Regelanknüpfung des Kindesunterhalts dieselbe ist wie die Regelanknüpfung des Ehegattenunterhalts (Art. 3 UntProt), gibt es einige wichtige Unterschiede bei den Ausnahmen (Art. 4 Abs. 1 UntProt).

(1) Kann ein Kind, das seinen gewöhnlichen Aufenthalt im Ausland hat, nach dem dort geltenden Recht keinen Unterhalt erhalten, so ist anstelle dieses Rechts das am Ort des angerufenen Gerichts geltende Recht, also die lex fori, anzuwenden (Art. 4 Abs. 2 UntProt). Diese Vorschrift ist offensichtlich aus dem Haager Übereinkommen von 1973 übernommen

worden, nach dessen Art. 6 das Recht der angerufenen Behörde anzuwenden ist, wenn der Berechtigte nach den vorrangigen Rechten (Art. 4 und 5 des Übereinkommens) keinen Unterhalt erhalten kann. Praktisch hat sie aber kaum Bedeutung, da sie von Art. 4 Abs. 3 UntProt verdrängt wird.

(2) Macht das Kind nämlich seinen Unterhaltsanspruch nicht vor den Gerichten des Staates geltend, in dem es seinen gewöhnlichen Aufenthalt hat, sondern dort, wo der Unterhaltspflichtige seinen gewöhnlichen Aufenthalt hat, so ist sein Unterhaltsanspruch von vornherein nach der lex fori des angerufenen Gerichts zu beurteilen (Art. 4 Abs. 3 S. 1 UntProt). Verklagt also das – z.B. – in Polen lebende Kind seinen in Deutschland lebenden Vater auf Unterhalt, so haben die deutschen Gerichte entgegen der Regel des Art. 3 UntProt nicht zunächst die Begründetheit des Anspruchs nach polnischem Recht zu prüfen, sondern können sofort ihr eigenes Recht, also die lex fori, anwenden. Die Einholung einer Rechtsauskunft zum ausländischen Recht erübrigt sich. Nur dann, wenn das Kind nach deutschem Recht von „der verpflichteten Person" keinen Unterhalt erhalten kann, ist das Recht am gewöhnlichen Aufenthalt des Kindes anzuwenden (Art. 4 Abs. 3 S. 2 UntProt). Unter der „verpflichteten Person" ist der jeweilige Antragsgegner zu verstehen, auch wenn dieser nach deutschem Recht nicht unterhaltspflichtig ist. Praktische Bedeutung hat dieser Rückgriff auf das Recht am gewöhnlichen Aufenthalt des Kindes insbesondere in den Fällen, in denen das Kind nicht seinen leiblichen Vater auf Unterhalt verklagt, sondern seinen Stiefvater oder seinen älteren Bruder oder seine ältere Schwester. Eine Unterhaltsverpflichtung von Stiefelternteilen gibt es z.B. in Kroatien, Serbien und den Niederlanden, eine Unterhaltsverpflichtung von Geschwistern z.B. in Polen, Italien und Spanien. Im französischen und belgischen Recht hat ein Kind, dessen Abstammung väterlicherseits nicht feststeht, einen Unterhaltsanspruch gegen dem Mann, der der Kindesmutter innerhalb der gesetzlichen Empfängniszeit beigewohnt hat. Bestreitet der Beklagte seine Vaterschaft, so hängt die Begründetheit des Unterhaltsanspruchs von der Feststellung der Vaterschaft ab. Nach welchem Recht diese **Vorfrage** zu beurteilen ist, ist im Schrifttum lebhaft umstritten[139]. Nach einer Auffassung ist sie aus der Sicht des auf den Unterhaltsanspruch anwendbaren Rechts zu beantworten (unselbständige Anknüpfung), nach der Gegenmeinung nach dem Recht, auf das die Kollisionsnormen der lex fori verweisen (selbständige Anknüpfung). Die Streitfrage kann eine Rolle spielen, wenn das Unterhaltsstatut ein anderes ist als die lex fori. Sind sie identisch, macht z.B. das Kind (oder der für das Kind in Prozessstandschaft handelnde Elternteil) den Unterhaltsanspruch am gewöhnlichen Aufenthalt des Kindes geltend, was im Rahmen eines

160

---
139 Vgl. die ausführliche Übersicht über die Streitfrage in *Staudinger/Mankowski* (2016) Vorbem. zum HUP Rdnr. 10 ff.

Scheidungsverfahrens meist der Fall sein wird, führen die selbständige und die unselbständige Anknüpfung der Vorfrage zum selben Ergebnis. Macht das im Ausland lebende Kind seinen Unterhaltsanspruch gegen den in Deutschland lebenden Ehegatten seiner Mutter vor einem deutschen Gericht geltend, so ist gemäß Art. 4 III S. 1 UntProt das am Ort des angerufenen Gerichts geltende Recht anzuwenden[140]. Auch in diesem Fall ist also die lex fori zugleich Unterhaltsstatut. Relevant könnte die Streitfrage werden, wenn das Kind nach der lex fori keinen Unterhalt erhalten kann, weil in diesem Fall das Recht am gewöhnlichen Aufenthalt des Kindes anstelle der lex fori anzuwenden wäre (Art. 4 III S. 2 UntProt). Aber hier würde sich die Vorfrage schon vor der Anwendung des Aufenthaltsrechts des Kindes stellen, nämlich bei der Prüfung, ob das Kind nach der lex fori deswegen keinen Unterhalt erhalten kann, weil es nicht von dem Ehemann der Mutter abstammt. Ob dies der Fall ist, wäre nach den in Art. 19 EGBGB wahlweise anwendbaren Rechten zu prüfen (es sei denn, man interpretiert Art. 4 III S. 1 UntProt dahin, dass er nur auf die Sachvorschriften der lex fori verweist, also nicht zugleich auch auf deren Kollisionsnormen). Für die Anwendung des Art. 19 EGBGB (und damit für die selbständige Anknüpfung der Vorfrage spricht das Günstigkeitsprinzip. Steht die Abstammung des Kindes nach einem der in Art. 19 EGBGB genannten Rechte fest, sollte es auch Unterhalt verlangen können.

161 (3) Eine weitere Ausnahme von der Regelanknüpfung des Art. 3 UntProt enthält Art. 4 Abs. 4 UntProt. Kann nämlich das Kind weder nach der lex fori, noch nach dem Recht an seinem gewöhnlichen Aufenthalt von der verpflichteten Person Unterhalt erhalten, so ist an letzter Stelle zu prüfen, ob ein Unterhaltsanspruch nach dem Recht des Staates gegeben ist, dem das Kind und die auf Unterhalt in Anspruch genommene Person angehören. Diese Vorschrift ist insbesondere von Bedeutung, wenn sowohl das Kind als auch die auf Unterhalt in Anspruch genommene Person ihren gewöhnlichen Aufenthalt in Deutschland haben, nach deutschem Recht aber kein Unterhaltsanspruch besteht. So kann z.B. ein kroatisches Kind Unterhalt von seinem kroatischen Stiefvater verlangen, ein italienisches Kind Unterhalt von seinem italienischen Bruder oder seiner italienischen Schwester.

162 (4) Anders als das Haager Übk. von 1973 (und Art. 18 Abs. 3 a.F. EGBGB) sieht Art. 4 Abs. 4 UntProt einen Rückgriff auf das gemeinsame Heimatrecht der Beteiligten nur zugunsten des Kindes vor, nicht auch zu dessen Lasten. Es kann also nicht der in Deutschland lebende französische Stiefvater gegenüber dem in den Niederlanden lebenden Kind ebenfalls französischer Staatsangehörigkeit, von dem er in Deutschland auf Unter-

---

140 OLG Frankfurt FamRZ 2012, 1501.

halt verklagt wird, geltend machen, dass nach dem gemeinsamen französischen Heimatrecht kein Unterhaltsanspruch bestehe. Zur Verweigerung der Anerkennung und Vollstreckung von Entscheidungen in einem solchen Fall bei Anwendbarkeit des Haager Übk. von 1973 vgl. § 61 II AUG.

c) Vertretung des Kindes, Klageberechtigung, Fristen

Gem. Art. 11 lit. d UntProt bestimmt das auf die Unterhaltspflicht anzuwendende Recht darüber, wer zur Einleitung eines Unterhaltsverfahrens berechtigt ist, unter Ausschluss von Fragen der Prozessfähigkeit und der Vertretung im Verfahren. Das heißt, das Unterhaltsstatut entscheidet darüber, wer den Unterhaltsanspruch des Kindes geltend machen kann oder wer aus eigenem Recht Unterhalt für das Kind verlangen kann. 163

Hat das Kind seinen gewöhnlichen Aufenthalt in Deutschland oder gilt aus anderen Gründen deutsches Recht (als lex fori oder als gemeinsames Heimatrecht des Kindes und des unterhaltspflichtigen Elternteils), gilt somit u.a. § 1629 III BGB (Geltendmachung des Unterhaltsanspruchs des Kindes in **Prozessstandschaft**). Geht es um einen Unterhaltsanspruch des Kindes gegen seinen Stiefvater oder seine Stiefmutter, so ist die Frage, wer das Kind im Verfahren vertritt, gesondert anzuknüpfen. Das anwendbare Recht ergibt sich in diesem Fall aus dem Kinderschutzübereinkommen v. 19.10.1996: Maßgebend ist das Recht am gewöhnlichen Aufenthalt des Kindes (Art. 17 KSÜ). 164

Welche **Fristen** für die Einleitung eines Unterhaltsverfahrens gelten und wann Unterhaltsansprüche verjähren, bestimmt sich – ebenso wie im Fall des Ehegattenunterhalts oder des Anspruchs auf nachehelichen Unterhalt – nach dem Unterhaltsstatut (Art. 11 lit. e UntProt). 165

d) Unterhaltshöhe

Auch für die Bemessung des Kindesunterhalts gilt grundsätzlich das Unterhaltsstatut (Art. 11 lit. a UntProt). In jedem Fall zu berücksichtigen sind allerdings die Bedürfnisse des Kindes und die wirtschaftlichen Verhältnisse des Unterhaltspflichtigen sowie etwaige dem Kind anstelle einer regelmäßigen Unterhaltszahlung geleistete Entschädigungen, selbst wenn das anzuwendende Recht etwas anderes bestimmt (Art. 14 UntProt). Praktisch relevant wird diese Vorschrift dann, wenn das Kind und der unterhaltspflichtige Elternteil in verschiedenen Ländern mit unterschiedlichem Lebensstandard leben. Hier werden die Bedürfnisse des Kindes zunächst nach den Verhältnissen in dem Land zu ermitteln sein, in dem es seinen gewöhnlichen Aufenthalt hat, während für die Leistungsfähigkeit des Pflichtigen es auf die Verhältnisse in dem Land ankommt, in dem dieser lebt. 166

167 Hat das Kind beispielsweise seinen gewöhnlichen Aufenthalt in Polen und lebt der unterhaltspflichtige Vater in der Bundesrepublik, kann nicht ausschließlich darauf abgestellt werden, welchen Geldbetrag ein Kind dieses Alters normalerweise für seinen Lebensunterhalt in Polen benötigt. Zu berücksichtigen sind vielmehr auch die wirtschaftlichen Verhältnisse des Vaters und damit auch der Umstand, dass sich der Vater in der Bundesrepublik Deutschland aufgrund seines Einkommens möglicherweise einen höheren Lebensstandard leisten kann. Das Kind hat Anspruch auf Teilhabe an diesem höheren Lebensstandard seines Vaters[141].

168 Andererseits kann der Unterhalt nicht allein danach bemessen werden, was der Vater aufgrund seines Einkommens zahlen könnte. Würde man nämlich dem Kind denselben Geldbetrag zusprechen, den ein in Deutschland lebendes Kind verlangen könnte, so würde dies angesichts der Kaufkraftunterschiede den Bedarf des Kindes häufig überschreiten[142]. Zu fragen ist darum: Wie viel braucht das im Ausland lebende Kind, um so leben zu können, wie es als Kind des Unterhaltspflichtigen in der Bundesrepublik Deutschland leben könnte[143].

169 Steht diese Summe fest, folgt die zweite Frage: Ist der Pflichtige imstande, diese Summe aufzubringen? Bei dieser Frage ist der Eigenbedarf des in der Bundesrepublik lebenden Pflichtigen nach den hier geltenden Regeln zu ermitteln[144].

170 Manche Gerichte gehen so vor, dass sie zunächst den Betrag ermitteln, den der Unterhaltspflichtige in einem innerdeutschen Fall zahlen müsste, legen also z.B. die Düsseldorfer Tabelle zugrunde, und überprüfen dann anhand der vom Bundesfinanzministerium veröffentlichten Länderübersicht[145], ob diese Summe zur Gänze oder nur zu drei Vierteln, zur Hälfte oder zu einem Viertel zu zahlen ist. Da indessen diese Länderübersicht nur die steuerliche Behandlung von Unterhaltszahlungen ins Ausland regeln will, führt diese Berechnungsweise nicht immer zu einem angemessenen Ergebnis.

171 Auch der BGH hat auf die Ungenauigkeit dieser Berechnungsweise hingewiesen[146].

---

141 OLG Düsseldorf FamRZ 1987, 1183; OLG Hamm FamRZ 1989, 1332; OLG Zweibrücken FamRZ 1999, 33; zu Russland vgl. OLG Koblenz FamRZ 2002, 56.
142 Vgl. dazu OLG Hamm FamRZ 2003, 1855 (Quotenanspruch nach russischem Recht übersteigt Existenzminimum des Kindes um ein Vielfaches).
143 Vgl. OLG Düsseldorf IPRax 1986, 388; OLG Hamm FamRZ 1989, 785, 1332, 1333; OLG Düsseldorf FamRZ 1989, 1335; 1990, 556; KG FamRZ 1994, 759.
144 OLG Karlsruhe FamRZ 1990, 313; OLG Stuttgart FamRZ 2006, 1403.
145 S. oben Rdnr. 140.
146 BGH FamRZ 1987, 682; s. auch OLG Hamm FamRZ 1987, 1307; OLG Köln IPRax 1988, 30.

Genauer ist es deswegen, nach dem **Kaufkraftwert** zu fragen, den der Euro in dem Aufenthaltsstaat des Kindes hat[147]. 172

Soweit die Umrechnung nach Verbrauchergeldparitäten nicht möglich ist oder das Gericht nicht überzeugt, können noch weitere Gesichtspunkte berücksichtigt werden. So kann etwa der Kindesunterhalt in Relation zu den Einkommensverhältnissen beider Eltern gesetzt werden. Es wäre unangemessen, wenn dem Kind ein Betrag zugesprochen würde, der höher wäre als die aufgrund einer Ganztagsbeschäftigung erzielten Erwerbseinkünfte der Mutter[148]. 173

Unangemessen wäre es auch, wenn sich das Kind – infolge der höheren Kaufkraft des Euro – aufgrund der Unterhaltszahlungen einen höheren Lebensstandard leisten könnte als der in der Bundesrepublik lebende Vater[149]. 174

Auch soll das Kind als Unterhalt nicht mehr bekommen als den Betrag, den es nach Abschluss seiner Ausbildung im Erwerbsleben erzielen kann. Dieser Gesichtspunkt spielt insbesondere bei in Osteuropa lebenden Kindern eine Rolle, da dort der Durchschnittslohn noch immer erheblich niedriger ist als in der Bundesrepublik. 175

Der ausgeurteilte Betrag darf also nicht dazu führen, dem Kind mehr Kaufkraft zur Verfügung zu stellen, als seinem Bedarf entspricht[150]. 176

Aus der neueren Rechtsprechung zum Unterhaltsbedarf eines im Ausland lebenden Kindes vgl. KG FamRZ 2002, 1057 (Kind in Polen: 80 % des Satzes der Düsseldorfer Tabelle; AmtsG Karlsruhe FamRZ 2015, 1201: Anpassung mit einem Faktor von 56,08 %; zum Vergleich: Ländergruppeneinteilung: ein Halb); OLG Stuttgart FamRZ 2014, 850 (Kind in der Türkei: Lebenshaltungskosten in Istanbul nur um 8 % unter denen in Berlin; Eurostat: 65,1 %; Ländergruppeneinteilung: ein Halb; zu einem Kind in den USA (Florida) vgl. OLG Karlsruhe FamRZ 2016, 237: 9 % weniger als in Deutschland; zu einem Kind in Russland vgl. OLG Koblenz FamRZ 2002, 56; OLG Hamm FamRZ 2003, 1855; zu einem Kind in der Ukraine vgl. AmtsG Düsseldorf FamRZ 2005, 1703; OLG Köln FamRZ 2012, 384 (Unterhaltstitel lautet auf ein Viertel des Einkommens: nicht vollstreckbar wegen fehlender Bestimmtheit, außerdem zu hoch). Zur tatrichterlichen Beurteilung grundsätzlich: BGH FamRZ 2014, 1536, m. Anm. *Unger/Unger*. 177

---

147 Zur Umrechnung mit Hilfe eines Warenkorbvergleichs s.o. Rdnr. 141.
148 OLG Hamm FamRZ 1987, 1302, 1307.
149 OLG Hamm FamRZ 1987, 1307.
150 BGH FamRZ 1992, 1060, 1063.

5. Anerkennung, Vollstreckung und Abänderung ausländischer Unterhaltsentscheidungen

a) Anerkennung nach der EuUntVO

178 Für die Anerkennung einer ausländischen Unterhaltsentscheidung kommt in erster Linie die **EuUntVO** (oben Rdnr. 104) in Betracht. Sie gilt für alle von einem Gericht eines Mitgliedstaates der EU erlassenen Entscheidungen in Unterhaltssachen (soweit in der ausländischen Entscheidung ein Pauschalbetrag zugesprochen wird, der auch – nach deutschem Verständnis – einen güterrechtlichen Ausgleich bezweckt, beschränkt sich die Anerkennungsverpflichtung nach der EuUntVO auf die unterhaltsrechtlich zu qualifizierenden Beträge[151]). Unerheblich ist ihre Bezeichnung: Urteil, Beschluss, Zahlungsbefehl, Vollstreckungsbescheid, Kostenfestsetzungsbeschluss (Art. 2 Nr. 1 EuUntVO). Gleichgestellt sind die im Ursprungsmitgliedstaat vollstreckbaren gerichtlichen Vergleiche und öffentlichen Urkunden (Art. 48 EuUntVO). Im Einzelnen wird dabei unterschieden zwischen Entscheidungen, die in einem Mitgliedstaat ergangen sind, der durch das Haager UntProt (oben Rdnr. 123) gebunden ist (das sind alle Mitgliedstaaten der EU mit Ausnahme von Dänemark und dem Vereinigten Königreich), und Entscheidungen aus Dänemark und dem Vereinigten Königreich.

(1) Entscheidungen aus einem durch das UntProt gebundenen Staat

179 Unterhaltsentscheidungen, die in einem durch das UntProt gebundenen Mitgliedstaat in einem nach dem 17.6.2011 eingeleiteten Verfahren ergangen sind, sowie die nach diesem Zeitpunkt dort gebilligten oder geschlossenen Vergleiche oder ausgestellten öffentlichen Urkunden (Art. 75 EuUntVO) werden in jedem anderen Mitgliedstaat anerkannt, ohne dass es hierfür eines besonderen Verfahrens bedarf und ohne dass die Anerkennung angefochten werden kann (Art. 17 I EuUntVO). Sie werden also wie inländische Unterhaltstitel behandelt. Einer Vollstreckbarerklärung bedarf es nicht (Art. 17 II EuUntVO) Der Antragsgegner, in aller Regel der Unterhaltsschuldner, hat nur die Möglichkeit, sich an das (ausländische) Gericht zu wenden, das die Unterhaltsentscheidung erlassen hat, und dort eine Nachprüfung der Entscheidung zu beantragen (Art. 19 EuUntVO). Dabei kann er geltend machen, dass ihm das verfahrenseinleitende Schriftstück nicht so rechtzeitig und in einer Weise zugestellt wurde, dass er sich

---

151 Vgl. BGH FamRZ 2009, 1659, m. Anm. *Henrich* = IPRax 2011, 156, m. Anm. *Heiderhoff*, zu einer englischen Entscheidung; zum englischen Recht auch *Amos*, Unterhalt für Kinder und geschiedene Ehegatten nach dem englischen Rechtssystem, FamRZ 2012, 500.

verteidigen konnte, oder dass er aufgrund höherer Gewalt oder aufgrund
außergewöhnlicher Umstände ohne eigenes Verschulden nicht in der Lage
gewesen sei, Einspruch gegen die Unterhaltsforderung zu erheben und dass
er nicht die Möglichkeit hatte, gegen die Entscheidung einen Rechtsbehelf
einzulegen. Gelingt ihm dieser Nachweis, so hat das Gericht im Ursprungsmitgliedstaat die ergangene Entscheidung für nichtig zu erklären (Art. 19 III
EuUntVO).

**(2) Entscheidungen aus einem nicht durch das UntProt gebundenen
Staat (Dänemark, Vereinigtes Königreich)**

Für Entscheidungen aus Dänemark oder dem Vereinigten Königreich **180**
gelten im Wesentlichen dieselben Regeln, wie sie vor dem Inkrafttreten der
EuUntVO nach der EuGVVO maßgebend waren. Das heißt, auch hier
sind die im Ausland getroffenen Entscheidungen grundsätzlich anzuerkennen (Art. 23 EuUntVO). Die Anerkennung kann aber unter bestimmten
Voraussetzungen verweigert werden (Art. 24 EuUntVO), nämlich

– wenn die Entscheidung gegen den deutschen ordre public verstößt
  (wobei die – deutschen – Vorschriften über die Zuständigkeit nicht
  zum ordre public gehören) oder

– wenn dem Antragsgegner, der sich auf das Verfahren nicht eingelassen
  hat, das verfahrenseinleitende Schriftstück (oder ein gleichwertiges
  Schriftstück) nicht so rechtzeitig oder in einer Weise zugestellt wurde,
  dass er sich verteidigen konnte (es sei denn, der Antragsgegner hat gegen die Entscheidung keinen Rechtsbehelf eingelegt, obwohl er die
  Möglichkeit dazu hatte)[152],

– wenn die Entscheidung mit einer Entscheidung unvereinbar ist, die
  zwischen denselben Parteien in Deutschland ergangen ist,

– wenn die Entscheidung mit einer früheren Entscheidung unvereinbar
  ist, die in einem anderen Mitgliedstaat oder in einem Drittstaat zwischen denselben Parteien in einem Rechtsstreit wegen desselben Anspruchs ergangen ist, sofern die frühere Entscheidung alle Voraussetzungen für eine Anerkennung erfüllt.

Unbeachtlich ist der Einwand des Antragsgegners, die Ausgangsent-
scheidung habe nicht ergehen dürfen, weil er schon seinerzeit leistungsun-
fähig gewesen sei. Art. 42 EuUntVO schließt eine Überprüfung in der Sache selbst aus. Ebenfalls ausgeschlossen ist der Einwand der zwischenzeit-
lichen Erfüllung der Verpflichtung[153].

---

152 Vgl. dazu BGH FamRZ 2011, 1568, m. Anm. *Heiderhoff.*
153 OLG Stuttgart FamRZ 2015, 871.

181 Klarstellend fügt Art. 24 S. 2 EuUntVO hinzu, dass eine Entscheidung, die eine frühere Unterhaltsentscheidung aufgrund geänderter Umstände abändert, nicht als „unvereinbare Entscheidung" anzusehen ist.

(3) Übergangsbestimmungen

182 Die EuUntVO gilt zunächst für Verfahren, die nach dem Datum ihrer Anwendbarkeit (18.6.2011) eingeleitet worden sind (durch Anrufung des Gerichts, Art. 9 EuUntVO), für gerichtliche Vergleiche, die nach diesem Datum gebilligt oder geschlossen worden sind, sowie für nach diesem Datum ausgestellte öffentliche Urkunden (Art. 75 I EuUntVO).

183 Ist in einem Verfahren, das vor dem 18.6.2011 eingeleitet worden ist, auch eine Entscheidung vor diesem Zeitpunkt bereits ergangen, wird aber die Anerkennung und Vollstreckbarerklärung erst nach diesem Zeitpunkt beantragt, so sind hierfür die Art. 23 ff. und 39 ff. der EuUntVO heranzuziehen (Art. 75 IIa EuUntVO) also die Vorschriften, die für die Anerkennung von Entscheidungen aus einem Mitgliedstaat gelten, der nicht durch das Haager UntProt gebunden ist. Das bedeutet, dass es in diesen Fällen eines Exequaturverfahrens, einer Vollstreckbarerklärung, bedarf[154]. Für die am 18.6.2011 bereits laufenden Anerkennungs- und Vollstreckungsverfahren gelten dagegen weiterhin die Vorschriften der EuGVVO, hier also die Art. 32 ff. EuGVVO.

184 Die Art. 23 ff. und 39 ff. EuUntVO sind schließlich auch auf Entscheidungen in vor dem 18.6.2011 eingeleiteten Verfahren anzuwenden, die erst nach diesem Zeitpunkt ergangen sind, soweit diese Entscheidungen für die Zwecke der Anerkennung und Vollstreckung in den Anwendungsbereich der EuGVVO fallen, bei denen also die Zuständigkeit des Gerichts auf Art. 5 Ziff. 2 EuGVVO beruhte (Art. 75 IIb EuUntVO)[155].

b) Anerkennung aufgrund völkerrechtlicher Vereinbarungen

185 Außerhalb des Geltungsbereichs der EuUntVO, d.h. für die Anerkennung von Entscheidungen, Vergleichen oder öffentlichen Urkunden aus einem Staat, der nicht Mitgliedstaat der EU ist, kann sich eine Anerkennungsverpflichtung aus einer völkerrechtlichen Vereinbarung ergeben. Zu nennen sind hier das Abkommen der EU mit Dänemark vom 19.10.2005 über die gerichtliche Zuständigkeit und die Anerkennung und Vollstreckung von Entscheidungen in Zivil- und Handelssachen, das LugÜ vom 30.10.2007, das Haager Übereinkommen über die Anerkennung und

---

154 OLG Stuttgart aaO.
155 OLG Nürnberg FamRZ 2015, 355; OLG Frankfurt FamRZ 2017, 204.

Vollstreckung von Entscheidungen auf dem Gebiet der Unterhaltspflicht gegenüber Kindern vom 15.4.1958, das Haager Unterhalts- und Vollstreckungsübereinkommen vom 2.10.1973, das Haager Übereinkommen über die internationale Geltendmachung der Unterhaltsansprüche von Kindern und anderen Familienangehörigen vom 23.11.2007, das seit 1.8.2014 in Kraft ist, sowie die bilateralen Verträge mit Israel und Tunesien.

(1) Da die Vertragsstaaten des **LugÜ** inzwischen fast alle auch Mitgliedstaaten der EU sind und für sie die EuUntVO vorrangig gilt, ist das LugÜ nur noch für die Anerkennung von Entscheidungen aus **Island, Norwegen** und der **Schweiz**[156] von Bedeutung. Die Vorschriften des LugÜ zur Anerkennung ausländischer Unterhaltsentscheidungen stimmen nahezu wörtlich mit den Regeln der EuGVVO und denen der EuUntVO für die Anerkennung von Entscheidungen aus Mitgliedstaaten, die nicht durch das Haager Protokoll gebunden sind (s.o. Rdnr. 180), überein. Vgl. dazu auch die §§ 36–56 AUG.

186

(2) Von den beiden ersten **Haager Unterhalts- und Vollstreckungsübereinkommen** hat das Übereinkommen über die Anerkennung und Vollstreckung von Entscheidungen auf dem Gebiet der Unterhaltspflicht gegenüber Kindern v. 15.4.1958 nur noch Bedeutung für Unterhaltstitel aus **Liechtenstein** und **Suriname** (zu Unterhaltsansprüchen aus der Zeit vor dem 18.6.2011 s.o. Rdnr. 183). Bedeutsamer war bis vor wenigen Jahren noch das Haager Unterhalts- und Vollstreckungsübereinkommen v. 2.10.1973. Zwar sind auch hier die meisten Vertragsstaaten zugleich Mitgliedstaaten der EU, weswegen zwischen ihnen die EuUntVO Vorrang hat (Art. 69 II EuUntVO). Aber immerhin gilt das Übereinkommen noch für **Albanien, Andorra, Australien, Norwegen**, die **Schweiz**, die **Türkei** und die **Ukraine**. Die Anerkennungsvoraussetzungen ergeben sich für das Übk. 1973 aus Art. 4 des Übereinkommens, die Anerkennungsversagungsgründe aus Art. 5. Das Verfahren der Anerkennung oder Vollstreckung richtet sich nach dem Recht des Vollstreckungsstaates (Art. 13 Übk. 1973), in Deutschland also nach § 110 II (i.V.m. § 95 I Nr. 1) FamFG und dem Auslandsunterhaltsgesetz (vgl. § 1 I Ziff. 2a AUG). Aber auch dieses Übereinkommen hat an Bedeutung verloren, seit das jüngste Haager Übereinkommen zu dieser Materie in Kraft getreten ist, nämlich das Übereinkommen über die internationale Geltendmachung der Unterhaltsansprüche von Kindern und anderen Familienangehörigen vom 23.11.2007 (HUntGÜ, abgedruckt in *Jayme/Hausmann*, Nr. 182). Das Übereinkommen soll die in

187

---

156 Zur Versagung der Anerkennung eines schweizerischen Unterhaltsurteils wegen nicht ordnungsgemäßer Zustellung des verfahrenseinleitenden Schriftstücks vgl. BGH FamRZ 2008, 390. Zu den Voraussetzungen der Vollstreckbarkeit vgl. KG FamRZ 2017, 639, m. Anm. *Andrae*.

die Jahre gekommenen Haager Übereinkommen von 1958 und 1973 ersetzen. Seit seinem Geltungsbeginn (1.8.2014) für die Europäische Union und ihre Mitgliedstaaten (mit Ausnahme von Dänemark) gilt es für diese sowie für Albanien, Bosnien und Herzegowina, Norwegen und die Ukraine, die das Übereinkommen schon zuvor ratifiziert hatten, seit 1.1.2017 auch für die USA und Montenegro, seit 1.2.2017 auch für die Türkei, ab dem 1.10.2017 auch für Kasachstan. Im Verhältnis der Mitgliedstaaten der EU zueinander hat allerdings die EuUntVO Vorrang. Von den Vertragsstaaten des Übereinkommens von 1973 wurden Albanien, Norwegen und die Türkei von dem HUntGÜ verdrängt. Damit ist das Übereinkommen von 1973 unmittelbar relevant nur noch für Andorra, Australien und die Schweiz. Für die sonstigen Vertragsstaaten des Übereinkommens von 1973 kann es nur noch in Altfällen eine Rolle spielen (Art. 56 II HUntGÜ). Die Anerkennungsvoraussetzungen des HUntGÜ entsprechen denen des Übereinkommens von 1973. Hinzugekommen ist die Anerkennung einer auf eine Gerichtsstandsvereinbarung gegründeten Zuständigkeit des Ursprungsgerichts sowie die Anerkennung der Zuständigkeit einer Behörde, die ihre Zuständigkeit in Bezug auf eine Frage des Personenstands oder die elterliche Verantwortung ausübte, falls diese Zuständigkeit nicht einzig auf die Staatsangehörigkeit einer der Parteien gestützt worden war (Art. 20 HUntGÜ).

188 Nicht verdrängt durch die genannten Übereinkommen wird das LugÜ. Bei Unterhaltstiteln aus einem der Vertragsstaaten des LugÜ hat der Vollstreckungsgläubiger darum die Wahl, ob er den Unterhaltstitel nach dem einen oder nach dem anderen Übereinkommen für vollstreckbar erklären lassen will[157]. Bei unterschiedlichen Anerkennungsvoraussetzungen gilt das Günstigkeitsprinzip. Das Verfahren im Einzelnen regelt das Gesetz zur Durchführung der VO (EG) Nr. 4/2009 und zur Neuordnung bestehender Aus- und Durchführungsbestimmungen auf dem Gebiet des internationalen Unterhaltsverfahrensrechts v. 23.5.2011 (AUG, BGBl. I 898).

189 (3) Von den bilateralen Staatsverträgen haben die meisten in Unterhaltssachen keine Bedeutung mehr, da sie bereits durch die EuGVVO bzw. das LugÜ 1988 ersetzt worden sind (vgl. Art. 69 EuGVVO, Art. 55 LugÜ 1988). Für die Anerkennung von Unterhaltsentscheidungen sind darum nur noch die Verträge mit **Israel** (BGBl. 1980 II 926) und **Tunesien** (BGBl. 1996 II 890) relevant.

c) Anerkennung nach den §§ 108, 109 FamFG

190 (1) Ist eine ausländische Unterhaltsentscheidung nach der EuUntVO nicht anerkennungsfähig, so kommt neben den genannten völkerrechtli-

---

157 BGH FamRZ 2009, 390; KG FamRZ 2017, 639, 640.

chen Übereinkommen auch eine Anerkennung nach den §§ 108, 109 FamFG in Betracht. Auch nach § 108 I FamFG bedarf es hierfür keines besonderen Verfahrens. § 108 FamFG spricht von „Entscheidungen". Dazu zählen nicht nur Gerichtsentscheidungen, sondern auch Entscheidungen ausländischer Behörden, wenn diese funktional den deutschen Gerichten entsprechen[158]. Ob auch gerichtliche Vergleiche und öffentliche Urkunden nach § 108 anzuerkennen sind, ist streitig. Zum Teil wird die Anerkennungsfähigkeit unter Hinweis auf den Wortlaut des Gesetzes und die Regelungssystematik (nach dem Haager Übereinkommen von 1973 setzte z.B. die Einbeziehung öffentlicher Urkunden eine entsprechende ausdrückliche Erklärung der Vertragsstaaten voraus, Art. 25 HUVÜ, § 61 I AUG) verneint[159], nach der Gegenmeinung wird die Anerkennungsfähigkeit bejaht, weil auch Prozessvergleiche und öffentliche Urkunden unter staatlich vorgesehener Mitwirkung zustande kommen[160].

Die anzuerkennende Entscheidung muss nach dem ausländischen Recht wirksam sein. Formelle Rechtskraft wird ebenso wenig vorausgesetzt wie Unabänderlichkeit[161]. Einstweilige Anordnungen sind anerkennungsfähig, wenn sie inhaltlich eine das Verfahren abschließende Sachentscheidung treffen[162]. **191**

Die Anerkennung ausländischer Unterhaltsentscheidungen nach § 108 FamFG ist gegenüber der Anerkennung nach den genannten völkerrechtlichen Übereinkommen nicht subsidiär. Es gilt auch hier das Günstigkeitsprinzip. Ergibt sich die Anerkennung aus § 108 FamFG, braucht nach der Anerkennung aufgrund eines Staatsvertrags nicht gefragt zu werden (vgl. Art. 23 HUVÜ). **192**

(2) Die Gründe, die die Anerkennung einer Unterhaltsentscheidung aus einem Staat, der weder Mitgliedstaat der EU noch Vertragsstaat eines der oben (Rdnr. 185 ff.) genannten internationalen Übereinkommens ist, ausschließen, sind im Wesentlichen dieselben, die sich vor dem Inkrafttreten des FamFG aus § 328 ZPO ergaben. Erste Voraussetzung für die Anerkennung ist danach die **internationale Zuständigkeit des ausländischen Gerichts** (oder der ausländischen Behörde), § 109 I Nr. 1 FamFG. Die internationale Zuständigkeit muss nach deutschem Recht gegeben sein. Zu fragen ist also: Hätte unter vergleichbaren Umständen ein deutsches Gericht seine internationale Zuständigkeit bejaht? In diesem Punkt **193**

---

158 Vgl. *Prütting/Helms/Hau*, FamFG, § 108 Rdnr. 5 m.w.N.; *Thomas/Putzo/Hüßtege*, ZPO, Rdnr. 1 zu § 108 FamFG.
159 *Prütting/Helms/Hau*, § 108 Rdnr. 6; *Musielak/Borth*, § 108 FamFG Rdnr. 2.
160 *Keidel/Zimmermann*, FamFG, § 108 Rdnr. 6. In Art. 19 HUntGÜ wird die Anwendung auch auf Vergleiche ausdrücklich angeordnet.
161 *Keidel/Zimmermann*, § 108 FamFG Rdnr. 8, *Thomas/Putzo/Hüßtege*, § 108 FamFG Rdnr. 4.
162 *Musielak/Borth*, § 108 FamFG Rdnr. 2; *Keidel/Zimmermann*, § 108 FamFG Rdnr. 9.

unterscheidet sich die Anerkennung nach den §§ 108, 109 FamFG von der Anerkennung nach der EuUntVO, dem LugÜ oder den Haager Übereinkommen. In den beiden erstgenannten Fällen ist von der Zuständigkeit der Gerichte des Urteilsstaats auszugehen. Sie darf überhaupt nicht mehr nachgeprüft werden. In den Haager Übereinkommen wird die sog. Anerkennungszuständigkeit ausdrücklich geregelt, d.h. es werden die Voraussetzungen genannt, unter denen die Gerichte des Urteilsstaats als zuständig angesehen werden. Dagegen hat im Fall des § 109 I Ziff. 1 FamFG das deutsche Gericht die deutschen Regeln zur internationalen Zuständigkeit spiegelbildlich anzuwenden.

194 Die zweite Voraussetzung ist die **ordnungsgemäße und rechtzeitige Zustellung** des verfahrenseinleitenden Schriftstücks an einen Beteiligten. Diese Voraussetzung ist insbesondere von Bedeutung, wenn im Ausland ein Versäumnisurteil ergangen ist. Vgl. im Einzelnen dazu die Ausführungen oben Rdnr. 53 ff.

195 Probleme wirft das dritte Anerkennungserfordernis auf. Die ausländische Entscheidung darf nicht mit einer hier erlassenen oder anzuerkennenden früheren ausländischen Entscheidung oder das der ausländischen Entscheidung zugrunde liegende Verfahren darf nicht mit einem früher hier rechtshängig gewordenen Verfahren **unvereinbar sein** (§ 109 I Nr. 3 FamFG). Hier geht es also sowohl um **kollidierende Entscheidungen** als auch um **kollidierende Verfahren**. Ist die ausländische Entscheidung mit einer inländischen Entscheidung unvereinbar, so ist sie in jedem Fall nicht anerkennungsfähig, gleichgültig, ob die inländische Entscheidung vor oder nach der ausländischen Entscheidung ergangen ist. Hat z.B. ein deutsches Gericht einen Anspruch der Frau auf Trennungsunterhalt mangels Leistungsunfähigkeit des Mannes abgewiesen, dann ist nicht nur eine spätere Entscheidung eines ausländischen Gerichts, die der Frau für denselben Zeitraum Trennungsunterhalt zuspricht, nicht anerkennungsfähig; es kann auch eine frühere Entscheidung eines ausländischen Gerichts mit demselben Streitgegenstand nicht mehr anerkannt werden. Auf den zeitlichen Vorrang kommt es nur an, wenn die ausländische Entscheidung mit einer früheren – und anzuerkennenden – ausländischen Entscheidung unvereinbar ist.

196 Zur Unvereinbarkeit ist eine Klarstellung nötig: Unterhaltsentscheidungen sind abänderbar, wenn sich die Verhältnisse wesentlich geändert haben (§ 238 FamFG). Wenn eine deutsche Unterhaltsentscheidung abgeändert werden kann, muss eine Abänderung auch durch eine ausländische Abänderungsentscheidung möglich sein. Die ausländische Abänderungsentscheidung ist darum mit der früheren deutschen Entscheidung grundsätzlich nicht unvereinbar[163].

---

163 OLG Zweibrücken FamRZ 1999, 33.

Fraglich sind allein die Fälle, in denen das ausländische Gericht von einer früheren (deutschen) Entscheidung bewusst oder unbewusst keine Notiz genommen hat. Hier bestehen Zweifel, ob überhaupt von einer – anzuerkennenden – Abänderungsentscheidung gesprochen werden kann.   **197**

Beispiel:
Ein deutsches Gericht verurteilt den türkischen Vater eines Kindes zur Zahlung von Unterhalt. Die ebenfalls türkische Mutter kehrt mit dem Kind in die Türkei zurück. Dort wird die Ehe der Kindeseltern geschieden. Im Scheidungsurteil wird der Mann (erneut) zur Zahlung von Unterhalt an das Kind verpflichtet, ohne dass auf die frühere deutsche Unterhaltsentscheidung Bezug genommen wird.   **198**

In einem innerdeutschen Fall würde man sagen: Ein Abänderungsantrag ist nur dann zulässig, wenn der Antragsteller Tatsachen vorträgt, die – ihr Vorliegen unterstellt – eine wesentliche Veränderung der tatsächlichen oder rechtlichen Verhältnisse ergeben, die der Entscheidung zugrunde lagen. Fehlt es an einem solchen Tatsachenvortrag, so ist der Antrag unzulässig[164]. Legt man denselben Maßstab an die ausländische Entscheidung an, so müsste man das Vorliegen einer Abänderungsentscheidung verneinen. Eine Anerkennung wäre ausgeschlossen[165].   **199**

In der Regel wird man aber davon ausgehen können, dass sich mit der Übersiedlung des Kindes in ein anderes Land die Verhältnisse tatsächlich geändert haben. Ist dies der Fall, so entspricht die Neufestsetzung dem Gebot der materiellen Gerechtigkeit. Das sollte genügen, auch wenn die Änderung im ausländischen Verfahren nicht tatsächlich vorgetragen worden ist[166].   **200**

Die **Unvereinbarkeit der Verfahren** bildet das Korrelat zu der zu berücksichtigenden ausländischen Rechtshängigkeit (zu dieser s.o. Rdnr. 118). So wie der deutsche Richter eine ausländische Rechtshängigkeit zu beachten hat, kann er auch erwarten, dass der ausländische Richter eine frühere Rechtshängigkeit in Deutschland respektiert. Wurde sie nicht respektiert, so ist die Nichtanerkennung der ergangenen Entscheidung die Folge, auch wenn im deutschen Verfahren noch keine Entscheidung ergangen ist.   **201**

Als letztes Anerkennungshindernis nennt § 109 I FamFG schließlich noch die **Verletzung des deutschen ordre public**. Eine solche könnte z.B.   **202**

---

164 *Johannsen/Henrich/Brudermüller*, § 238 FamFG Rdnr. 60.
165 Vgl. *Henrich*, Zur Anerkennung und Abänderung ausländischer Unterhaltsurteile, die unter Nichtbeachtung früherer deutscher Unterhaltsurteile ergangen sind, IPRax 1988, 21; *Musger*, Zur „Abänderung" von Unterhaltstiteln in Sachverhalten mit Auslandsberührung, IPRax 1992, 108, 112 f.
166 Vgl. *Schack*, Anerkennung eines ausländischen trotz widersprechenden deutschen Unterhaltsurteils, IPRax 1986, 218. S. auch (zur sog. Kernpunkttheorie) OLG Hamm FamRZ 2001, 1015.

geltend gemacht werden, wenn in der ausländischen Entscheidung einer schuldig geschiedenen Frau jeglicher Unterhalt auch in einem Fall abgesprochen wird, in dem sie wegen der Pflege oder Erziehung eines gemeinschaftlichen Kindes nicht in der Lage ist, selbst für ihren Unterhalt zu sorgen (s.o. Rdnr. 144). Als ordre public-widrig könnte auch die Verurteilung eines Ehemannes (in Anwendung islamischen Rechts) zur Zahlung der von ihm versprochenen Braut- oder Morgengabe angesehen werden, wenn diese in einer solchen (über den Unterhaltsbedarf hinausgehenden) Höhe festgesetzt war, dass sie den Mann von einer Ehescheidung abschrecken sollte[167].

203 Neben den Anerkennungshindernissen des Abs. 1 nennt Art. 109 IV Nr. 1 FamFG auch noch als weiteren Ausschließungsgrund die **fehlende Verbürgung der Gegenseitigkeit** in Familienstreitigkeiten, zu denen gem. § 112 Nr. 1 FamFG auch die Unterhaltssachen nach § 231 I FamFG gehören[168]. Die Vollstreckbarkeit ausländischer Titel im Verfahren mit förmlicher Gegenseitigkeit (§ 1 I S. 1 Nr. 3 AUG, s.u. Rdnr. 215, 216) richtet sich nach § 110 FamFG (§ 64 AUG).

d) Anerkennung der Ehescheidung als Voraussetzung

204 Eine Entscheidung über den nachehelichen Unterhalt setzt eine wirksame Ehescheidung voraus. Eine (ausländische) Ehescheidung muss im Inland anzuerkennen sein oder anerkannt werden. Ist die Ehescheidung in einem Mitgliedstaat der EU (mit Ausnahme Dänemarks) erfolgt, so ergibt sich die Anerkennung bereits aus Art. 21 Brüssel IIa-VO. Keines Anerkennungsverfahrens bedarf es auch bei Ehescheidungen, die von einem Gericht des Staates ausgesprochen worden sind, dem beide Ehegatten zur Zeit der Ehescheidung angehörten (§ 107 II FamFG). Von diesen beiden Fällen abgesehen werden Ehescheidungen nur anerkannt, wenn die Landesjustizverwaltung/der OLG-Präsident festgestellt hat, dass die Voraussetzungen für eine Anerkennung vorliegen[169]. Vor der Anerkennung der Ehescheidung kann der bedürftige Ehegatte nur Trennungsunterhalt verlangen.

205 Ist im ausländischen Scheidungsverfahren auch **Kindesunterhalt** zugesprochen worden, so ist für die Anerkennung dieser Unterhaltsentscheidung die Anerkennung der Ehescheidung nicht Voraussetzung. Der Un-

---

167 Vgl. *Henrich*, Die Morgengabe und das Internationale Privatrecht, FS Sonnenberger (2004), S. 389, 396.
168 Zu den Staaten, bei denen die Gegenseitigkeit verbürgt ist, vgl. MünchKommZPO/*Gottwald*, § 328 Rdnr. 136 ff.
169 Zur Zuständigkeit der Landesjustizverwaltung oder der an ihrer Stelle beauftragten Oberlandesgerichtspräsidenten s. *Johannsen/Henrich*, § 107 FamFG Rdnr. 8.

terhaltsanspruch des Kindes beruht nicht auf der Ehescheidung seiner Eltern[170].

e) Vollstreckung

Regelmäßig bedürfen ausländische Unterhaltsentscheidungen, die im Inland vollstreckt werden sollen, einer Vollstreckbarerklärung. Von dieser Regel gibt es eine wichtige Ausnahme: Sie gilt nicht für Unterhaltsentscheidungen aus den **Mitgliedstaaten der EU, die durch das Haager UntProt gebunden sind**, d.h. für Unterhaltstitel aus allen Mitgliedstaaten mit Ausnahme Dänemarks und des Vereinigten Königreichs (s.o. Rdnr. 179). Soweit sie im Ursprungsmitgliedstaat vollstreckbar sind, können sie auch im Inland vollstreckt werden, ohne dass es einer Vollstreckbarerklärung bedarf (Art. 17 EuUntVO, § 30 AUG). Das gilt nicht nur für gerichtliche Entscheidungen, sondern auch für öffentliche Urkunden und gerichtliche Vergleiche (Art. 48 EuUntVO). Es sind lediglich bestimmte Schriftstücke vorzulegen (Art. 20 EuUntVO: Ausfertigung der Entscheidung in der Originalsprache, Auszug aus der Entscheidung unter Verwendung des im Anh. I der EuUntVO vorgesehenen Formblatts, erforderlichenfalls mit Übersetzung in die deutsche Sprache). Aus der Gleichsetzung mit deutschen Unterhaltstiteln folgt, dass die **Vollstreckung** grundsätzlich aus denselben Gründen **verweigert** oder ausgesetzt werden kann, bei denen auch bei deutschen Titeln eine solche Möglichkeit besteht, z.B. wenn sich der Schuldner auf Pfändungsschutzvorschriften berufen kann (Art. 21 I EuUntVO, § 31 AUG[171]; zur Einstellung der Zwangsvollstreckung vgl. §§ 32, 33 AUG). In Ausnahmefällen ist auch eine Berufung auf den ordre public denkbar[172]. Zusätzlich sieht Art. 21 EuUntVO einige weitere Verweigerungs- und Aussetzungsgründe vor, etwa, wenn das Recht auf Vollstreckung nach dem Recht des Ursprungsmitgliedstaates oder dem Recht des Vollstreckungsmitgliedstaates verjährt ist oder die Entscheidung mit einer im Vollstreckungsmitgliedstaat ergangen Entscheidung unvereinbar ist. Nicht mehr zulässig sind seit einer Entscheidung des EuGH (Prism Investments, IPRax 2012, 357) Einwendungen, die das Bestehen der Forderung betreffen, insbesondere der Einwand der nachträglichen Erfüllung: Im Vollstreckungsverfahren soll nicht mehr über das Bestehen der Forderung gestritten werden. Dies gilt auch für Einwendungen, die unbestritten sind[173]. Hier bleibt dem Einwendenden nur die Möglichkeit des Vollstre-

206

---

170 BGH FamRZ 2007, 717.
171 Zur früheren Rechtsprechung vgl. BGH FamRZ 2010, 966 (Vollstreckung eines Urteils auf Trennungsunterhalt nach zwischenzeitlich erfolgter Ehescheidung).
172 Vgl. BGH FamRZ 2009, 1818, m. Anm. *Henrich*, 1821; *Heger/Selg*, FamRZ 2011, 1101, 1108.
173 BGH FamRZ 2015, 2144, 2146, m. Anm. *Eichel*.

ckungsabwehrantrags (§§ 66 AUG, 767 ZPO). Lehnt das Vollstreckungsorgan die Zwangsvollstreckung mangels hinreichender Bestimmtheit ab, kann der Gläubiger eine Konkretisierung des Titels beantragen (§ 34 AUG). Schließlich ist eine Vollstreckung nach der EuUntVO auf den Zuspruch von Unterhalt zu beschränken, wenn die ausländische Entscheidung einen Pauschalbetrag festsetzt, der auch – aus deutscher Sicht – einen güterrechtlichen Ausgleich bezweckt (s.o. Rdnr. 178).

207 Für **Entscheidungen aus anderen Staaten** bleibt es bei der Regel: Bei ihnen macht die Anerkennungsfähigkeit die Entscheidung noch nicht vollstreckbar. Voraussetzung für die Zwangsvollstreckung ist entweder ein Beschluss des Gerichts, den Titel mit der Vollstreckungsklausel zu versehen, oder eine gerichtliche Vollstreckbarerklärung (Exequatur). Anders als das Klauselerteilungsverfahren, das einseitig geführt wird und kontradiktorischen Charakter nur erlangt, wenn ein Beteiligter Beschwerde einlegt, erfolgt die Vollstreckbarerklärung von vornherein in einem kontradiktorischen Verfahren. Ein Klauselerteilungsverfahren ist vor allem für Entscheidungen aus einem Vertragsstaat des LugÜ vorgesehen (§ 1 I Nr. 2a AVAG). Ausschließlich zuständig ist hier das Landgericht. Über den Antrag auf Erteilung der Vollstreckungsklausel entscheidet der Vorsitzende einer Zivilkammer (§ 3 AVAG). Ein Vollstreckbarerklärungsverfahren hat im Geltungsbereich der EuUntVO stattzufinden bei Entscheidungen aus Mitgliedstaaten, die nicht an das HUP gebunden sind (Vereinigtes Königreich, Dänemark), ferner bei Entscheidungen aus den Vertragsstaaten des Haager Anerkennungs- und Vollstreckungsübereinkommens vom 2.10.1973 und des HUntGÜ (§§ 1 I Nr. la und Nr. 2a und b, 36, 57 AUG) sowie für die Vollstreckung nach dem nationalen Recht (§ 110 FamFG). Zuständig ist hier das Amtsgericht. Rechtshemmende und rechtsvernichtende Einwendungen gegen den zu vollstreckenden Anspruch können im Beschwerdeverfahren geltend gemacht werden, soweit die Gründe, auf denen sie beruhen, erst nach dem Erlass der Entscheidung entstanden sind (§ 59a AUG). Bestehen Zweifel über den Unterhaltscharakter der geltend gemachten Forderung (z.B. wenn nach türkischem Recht als Scheidungsfolge sowohl materieller als auch immaterieller Schadensersatz zugesprochen worden ist), wird die Geltendmachung im FamFG-Verfahren durch § 97 FamFG nicht ausgeschlossen[174]. Im Exequatur-Verfahren prüft das Gericht, ob die ausländische Entscheidung formell rechtskräftig ist, ob sie anerkennungsfähig ist und ob etwaige materiell-rechtliche Einwendungen zulässig und begründet sind[175].

---

174 BGH FamRZ 2015, 2043, 2045, m. Anm. *Gottwald*.
175 Vgl. *Keidel/Zimmermann*, FamFG, § 110 Rdnr. 25; *Henrich*, in: *Heiß/Born*, Unterhaltsrecht, Kap. 31 Rdnr. 95 ff. Zur Verbürgung der Gegenseitigkeit s. MünchKommZPO/*Gottwald*, § 328 Rdnr. 129, 136 ff. Zur Ablehnung der Vollstreckbarerklärung wegen fehlender Be-

f) Abänderung

Soll ein ausländischer Unterhaltstitel abgeändert werden, ist zunächst auch hier die **internationale Zuständigkeit** zu prüfen. Für sie gelten dieselben Vorschriften wie für eine erstmalige Geltendmachung eines Unterhaltsanspruchs (s.o. Rdnr. 104 ff., sowie OLG Frankfurt FamRZ 2012, 1506, m. Anm. *Mayer*; zur Notzuständigkeit s. auch BGH FamRZ 2016, 115). Der Abänderungsanspruch kann sowohl dort geltend gemacht werden, wo der Anspruchsgegner seinen gewöhnlichen Aufenthalt hat, als auch am gewöhnlichen Aufenthalt der „berechtigten Person" (Art. 3 EuUntVO). Voraussetzung für die Abänderung einer ausländischen Unterhaltsentscheidung ist deren Anerkennung im Inland.

208

Dass eine ausländische Unterhaltsentscheidung im Inland abgeändert werden kann, ist unstreitig. Die Abänderbarkeit ergibt sich für Entscheidungen aus einem Mitgliedstaat der EU aus Art. 56 EuUntVO. Ansonsten folgt sie daraus, dass es bei der Abänderung nicht um einen Eingriff in fremde Hoheitsgewalt, sondern darum geht, welche Wirkungen die ausländische Entscheidung im Inland entfaltet („Wirkungserstreckung"). Darüber kann aber der deutsche Richter befinden.

209

Ungelöst ist noch immer die Frage, **nach welchem Recht** sich die Neufestsetzung des Unterhalts richtet. Hier stehen sich zwei (früher waren es sogar drei) Meinungen gegenüber: Nach der einen soll darüber die lex fori entscheiden (Argument: § 323 ZPO bzw. § 238 FamFG ist als Verfahrensvorschrift vom Richter zu beachten), nach der anderen soll auch für Abänderungen das Unterhaltsstatut gelten (Argument: Unterhaltsansprüche wurzeln im materiellen Recht und sind daher nach dem Recht zu beurteilen, auf das die maßgebenden Kollisionsnormen verweisen).

210

Liegt beispielsweise gegen einen in Deutschland lebenden Vater eines Kindes ein österreichisches Unterhaltsurteil vor und hat das Kind seinen gewöhnlichen Aufenthalt in der Türkei, so würde die erste Auffassung auf den bei einem deutschen Gericht geltend gemachten Abänderungsantrag das deutsche Recht anwenden, die zweite Auffassung das türkische Recht. Die dritte Möglichkeit (Anwendung des österreichischen Rechts, weil dort die Unterhaltsentscheidung ergangen ist) ist vom BGH schon vor langer Zeit abgelehnt worden[176] und wird heute nicht mehr vertreten. Welche von den beiden ersten Auffassungen die richtige ist, hat der BGH bisher offen gelassen[177]. Sie kann immer dann offen bleiben, wenn Unterhaltsstatut das

211

---

stimmtheit („ein Viertel von allen Arten des Arbeitslohns") vgl. OLG Köln FamRZ 2012, 384; KG FamRZ 2017, 639, 641 („ordentlicher Abschluss einer angemessenen Ausbildung").
176 BGH FamRZ 1992, 1060, 1062.
177 Ebenso OLG Karlsruhe FamRZ 1989, 1310; OLG Celle FamRZ 1993, 103.

deutsche Recht ist; denn in diesem Fall sind Unterhaltsstatut und lex fori identisch.

212 Richtig dürfte der Weg sein, den das OLG Köln aufgezeigt hat[178]: Grundsätzlich gilt das Unterhaltsstatut (im Beispielsfall also das türkische Recht als das Recht des jetzigen gewöhnlichen Aufenthalts des Unterhaltsberechtigten). Daneben ist aber auch § 323 ZPO bzw. § 238 FamFG zu beachten, soweit typisch verfahrensrechtliche Regelungen in Frage stehen: Abänderung der ausländischen Entscheidung grundsätzlich nur für die Zeit nach Erhebung der Klage (§ 323 III ZPO) bzw. Rechtshängigkeit des Antrags (§ 238 FamFG)[179].

213 § 238 FamFG ist auch insofern zu berücksichtigen, als danach weder eine von der bisherigen Unterhaltsbemessung unabhängige Neufestsetzung noch eine abweichende Beurteilung der Verhältnisse, die bereits in dem abzuändernden Titel eine Bewertung erfahren haben, in Frage kommt. Die Abänderungsentscheidung kann vielmehr nur zu einer den veränderten Verhältnissen entsprechenden Anpassung des Unterhaltstitels führen[180]. Es gilt der **Maßstab**, den der Richter in der abzuändernden Entscheidung angelegt hat (z.B. notdürftiger Unterhalt). Nur in diesem Rahmen ist die Änderung der tatsächlichen Verhältnisse zu berücksichtigen.

Nach § 238 FamFG ist ein Abänderungsbegehren nur bezüglich eines Titels möglich, der unter denselben Beteiligten zustande gekommen war. Geht es um die Abänderung eines ausländischen Unterhaltstitels, in dem im Rahmen eines Scheidungsverfahrens der Vater eines Kindes verpflichtet worden war, Unterhalt für das Kind „zu Händen der Mutter" zu zahlen, so ist das Abänderungsbegehren gegen das Kind zu richten, wenn sich die Rechtskraft der Entscheidung auf das Kind erstreckte[181].

Geht es um die Abänderung eines ausländischen Unterhaltsurteils, so ist der Abänderung grundsätzlich das vom ausländischen Gericht angewandte Sachrecht zugrunde zu legen (selbst dann, wenn das ausländische Gericht bei seiner Entscheidung nicht das richtige Recht angewendet hat)[182]. Das tatsächlich angewandte Recht bleibt damit für Art und Höhe

---

178 OLG Köln IPRax 1988, 30; für die Anwendbarkeit des Haager UntProt auch auf Abänderungsverfahren: OLG Nürnberg FamRZ 2012, 1500.
179 So auch OLG Düsseldorf FamRZ 1993, 346; OLG Hamm FamRZ 1995, 882; OLG Köln FamRZ 2005, 534; OLG Bremen FamRZ 2017, 614; ausführlich: *Rauscher/Andrae*, Einl. HUntStProt Rdnr. 32, 40.
180 BGH FamRZ 2012, 281; OLG Frankfurt FamRZ 2017, 204, 206; OLG Bremen FamRZ 2017, 614.
181 BGH, FamRZ 2015, 479, 481; OLG Frankfurt, FamRZ 2017, 204; OLG Bremen FamRZ 2017, 614.
182 BGH FamRZ 2012, 282; OLG Frankfurt FamRZ 2017, 204; OLG Bremen FamRZ 2017, 614.

der anzupassenden Unterhaltsleistung weiterhin anwendbar. Von diesem Grundsatz ist allerdings dann eine Ausnahme zu machen, wenn ein Statutenwechsel stattgefunden hat, beispielsweise die berechtigte Person ihren gewöhnlichen Aufenthalt vom Ausland nach Deutschland verlegt hat[183]. In diesem Fall ist über den Abänderungsantrag nach dem aktuellen Unterhaltsstatut zu entscheiden.

6. Geltendmachung von Unterhaltsansprüchen im Ausland

Soweit Unterhaltsansprüche in Staaten durchgesetzt werden sollen, in denen die Anerkennung und Vollstreckung deutscher Unterhaltsentscheidungen nicht vertraglich abgesichert ist, konnte schon bisher in vielen Fällen das **New Yorker UN-Übereinkommen über die Geltendmachung von Unterhaltsansprüchen im Ausland v. 20.6.1956** weiterhelfen. Es handelt sich dabei um ein Amts- und Rechtshilfeübereinkommen. Jeder Vertragsstaat benennt eine oder mehrere Gerichts- oder Verwaltungsbehörden als sog. Übermittlungsstellen sowie eine öffentliche oder private Stelle als sog. Empfangsstelle. Wer einen Unterhaltsanspruch gegen einen Schuldner in einem Vertragsstaat durchsetzen will, reicht ein entsprechendes Gesuch bei der Übermittlungsstelle in seinem Aufenthaltsstaat ein. Die Übermittlungsstelle leitet das Gesuch an die Empfangsstelle des Vertragsstaates weiter, die sodann alle geeigneten Schritte unternimmt, um den Unterhaltsschuldner zur Leistung des Unterhalts zu veranlassen, erforderlichenfalls durch Erhebung einer Unterhaltsklage. Weiterentwickelt wurde das UN-Übereinkommen durch das Haager Übereinkommen vom 23.11.2007 über die internationale Geltendmachung der Unterhaltsansprüche von Kindern und anderen Familienangehörigen (HUntGÜ, ABl. EU L 192 vom 22.7.2011, S. 51, *Jayme/Hausmann*, Nr. 220). Das Übereinkommen übernimmt weitgehend die Vorschriften des UN-Übereinkommens zur Einschaltung zentraler Behörden für die Durchsetzung von Unterhaltsansprüchen, ist aber insofern mehr als ein bloßes Amts- und Rechtshilfeübereinkommen, weil es auch die Anerkennung und Vollstreckung der Unterhaltsansprüche miteinbezieht. Wird ein Antrag auf Anerkennung und Vollstreckung einer Entscheidung nach Art. 9 ff. HUntGÜ über eine Zentrale Behörde gestellt, so muss die ersuchte Behörde umgehend die Entscheidung an die zuständige Behörde weiterleiten, die unverzüglich die Entscheidung für vollstreckbar erklärt oder diese Maßnahme selbst trifft, wenn sie dafür zuständig ist (Art. 23 II HUntGÜ). Der Antragsteller kann den Antrag auch unmittelbar bei der zuständigen Behörde des Vollstreckungsstaates stellen (Art. 19 V, 37 HUntGÜ). In diesem Fall erklärt diese Behörde unverzüglich die Entscheidung für vollstreckbar (Art. 23 III

214

---

183 BGH FamRZ 2015, 479, m. Anm. *Heiderhoff*; OLG Bremen FamRZ 2017, 614.

HUntGÜ). Soweit sich der Anwendungsbereich der HUntGÜ mit dem des UN-Übereinkommens deckt, tritt es im Verhältnis zwischen den Vertragsstaaten an die Stelle des UN-Übereinkommens (Art. 49 HUntGÜ). Von praktischer Bedeutung ist dies aus deutscher Sicht insbesondere für die Anerkennung und Vollstreckung von Unterhaltsentscheidungen im Verhältnis zur Türkei. Zu den Staaten, in denen nach wie vor das UN-Übereinkommen gilt, vgl. die Übersicht in *Jayme/Hausmann*, Nr. 220, Fn. 2.

215 Die USA, Kanada und Südafrika haben das New-Yorker UN-Übereinkommen nicht ratifiziert. Praktisch galten aber dieselben Regeln wie nach dem UN-Übereinkommen, vorausgesetzt die Gegenseitigkeit war formell verbürgt. Nach der Ratifizierung des HUntGÜ durch die USA kommt es im Verhältnis zu den Vereinigten Staaten auf die Verbürgung der Gegenseitigkeit nicht mehr an, wohl aber nach wie vor im Verhältnis zu Kanada und Südafrika. Verbürgt ist hier die Gegenseitigkeit in allen Provinzen Kanadas mit Ausnahme von Québec sowie in Südafrika.

216 Die Einzelheiten des Verfahrens ergeben sich aus dem **Auslandsunterhaltsgesetz** (Gesetz zur Geltendmachung von Unterhaltsansprüchen im Verkehr mit ausländischen Staaten v. 23.5.2011, BGBl. I 889)[184]. S. dort insbesondere §§ 7 ff. AUG: Vorprüfung des Antrags auf Unterstützung, Inhalt und Form des Antrags, Umfang der Vorprüfung, Übersetzung des Antrags, Weiterleitung durch die zentrale Behörde, Registrierung eines bestehenden Titels im Ausland. Zu den Voraussetzungen für die Bewilligung von Verfahrenskostenhilfe vgl. §§ 20 ff. AUG.

---

184 Vgl. dazu *Prütting/Helms/Hau*, Anhang 2 zu § 110; zum Mahnverfahren nach § 75 AUG vgl. *Eichel*, Neuer Schwung für das Mahnverfahren als Option der grenzüberschreitenden Anspruchsverfolgung, FamRZ 2011, 1441.

III. Die güterrechtliche Auseinandersetzung

1. Die Regelung in Art. 15 EGBGB[185]

a) Anknüpfung kraft Gesetzes

Nach Art. 15 I EGBGB unterliegen die güterrechtlichen Wirkungen der Ehe grundsätzlich, d.h. wenn die Ehegatten keine ausdrückliche Rechtswahl getroffen haben, dem bei der Eheschließung für die allgemeinen Wirkungen der Ehe maßgebenden Recht. Verwiesen wird also auf das sog. Ehewirkungsstatut, wie es in Art. 14 EGBGB näher definiert wird, und zwar auf das **Ehewirkungsstatut im Zeitpunkt der Eheschließung.** Das Ehewirkungsstatut ergibt sich entweder unmittelbar aus dem Gesetz (Art. 14 I EGBGB) oder aus einer von den Ehegatten getroffenen Rechtswahl (Art. 14 II-IV EGBGB), die allerdings die güterrechtlichen Verhältnisse nur dann beeinflusst, wenn sie bei der Eheschließung bereits vorlag, m.a.W. schon vor der Eheschließung erfolgt war. Eine solche Wahl des Ehewirkungsstatuts – für die im Übrigen notarielle Beurkundung vorgeschrieben ist – kommt in der Praxis aber kaum, um nicht zu sagen überhaupt nicht vor und kann deswegen hier vernachlässigt werden (anders als die Wahl speziell des Güterrechtsstatuts, dazu sogleich Rdnr. 225).

217

Aus der Verweisung auf Art. 14 EGBGB ergibt sich:

218

Für die güterrechtlichen Beziehungen der Eheleute gilt folgende Anknüpfungskette: Maßgebend ist in erster Linie das Recht des Staates, dem beide Ehegatten bei der Eheschließung angehörten, hilfsweise das Recht des Staates, in dem beide Ehegatten zur Zeit der Eheschließung ihren ge-

---

185 Am 24.6.2016 hat der Europäische Rat die Verordnung (EU) 2016/1103 zur Durchführung der Verstärkten Zusammenarbeit im Bereich der Zuständigkeit, des anzuwendenden Rechts und der Anerkennung und Vollstreckung von Entscheidungen in Fragen des ehelichen Güterstands verabschiedet (EuGüVO, ABl. EU 2016, L 183/1). Die Zuständigkeitsvorschriften der VO gelten für Verfahren, die ab dem 29.1.2019 eingeleitet werden. Die Vorschriften über die Anerkennung und Vollstreckung von Entscheidungen sind auch für Verfahren relevant, die vor diesem Zeitpunkt eingeleitet worden sind. Die Vorschriften zum anwendbaren Recht finden nur auf Ehen Anwendung, die nach dem 29.1.2019 geschlossen worden sind. Bis zu diesem Zeitpunkt bleibt es somit bei dem bisher geltenden Rechtszustand. Auf die EuGüVO wird darum im Folgenden nur am Rande eingegangen werden. Die EuGüVO gilt nur für Ehegatten, auch gleichgeschlechtliche. Zum Güterrecht für Partner hat der Rat ebenfalls am 24.6.2016 eine weitere Verordnung verabschiedet.

wöhnlichen Aufenthalt hatten, und zuletzt das Recht des Staates, mit dem die Ehegatten im Zeitpunkt der Eheschließung gemeinsam auf sonstige Weise am engsten verbunden waren.

(1) Gemeinsame Staatsangehörigkeit

219 Hier können sich Probleme ergeben, wenn ein Ehegatte bei der Eheschließung bereits **Doppelstaater** war oder mit der Eheschließung Doppelstaater wurde. Bei einem Doppelstaater zählt allein die sog. effektive Staatsangehörigkeit. Ist eine der beiden Staatsangehörigkeiten die deutsche, so bleibt die andere unberücksichtigt (Art. 5 I S. 2 EGBGB). Heiratet z.B. eine Deutsch-Französin einen Deutschen, so haben die Ehegatten eine gemeinsame Staatsangehörigkeit, nämlich die deutsche; heiratet sie dagegen einen Franzosen, so ist eine Anknüpfung an die gemeinsame (französische) Staatsangehörigkeit ausgeschlossen.

220 „Effektiv" ist die Zugehörigkeit zu dem Staat, mit dem eine Person „am engsten verbunden ist, insbesondere durch ihren gewöhnlichen Aufenthalt oder durch den Verlauf ihres Lebens" (Art. 5 I S. 1 EGBGB). Hat beispielsweise eine Französin einen Schweizer geheiratet (vor dem 1.1.1992) und mit dieser Eheschließung nach dem damals geltenden Recht automatisch die schweizerische Staatsangehörigkeit erworben (ohne die französische zu verlieren), kommt es für die Frage, ob die Ehegatten „bei" der Eheschließung eine gemeinsame Staatsangehörigkeit hatten, darauf an, ob für die Frau die neuerworbene schweizerische Staatsangehörigkeit bereits bei der Eheschließung die effektive war. Das wird man im Zweifel verneinen müssen. Eine Ausnahme ist denkbar, wenn die Frau bereits vor der Eheschließung in der Schweiz gelebt und dieses Land als ihre eigentliche Heimat angesehen hat.

(2) Gemeinsamer gewöhnlicher Aufenthalt

221 Auch hier kommt es auf den gewöhnlichen Aufenthalt **„bei der Eheschließung"** an. Problematisch sind hier die Fälle, in denen ein Ehegatte erst kurz vor der Eheschließung in das Land gekommen ist, in dem die Ehegatten nach der Eheschließung wohnen bleiben wollen.

222 Im Regelfall setzt ein gewöhnlicher Aufenthalt einen Aufenthalt von einer längeren Dauer voraus. Das muss aber nicht so sein. Ein gewöhnlicher Aufenthalt kann nicht nur durch einen tatsächlichen längeren Aufenthalt erworben werden (verbunden mit einer sozialen Integration), sondern u.U. auch durch die bloße Begründung eines Aufenthalts, wenn dieser ersichtlich auf längere Zeit angelegt ist und anstelle des bisherigen der neue Daseinsmittelpunkt sein soll. Man wird darum sagen können, dass ein Ehe-

gatte, der schon vor der Eheschließung in die Bundesrepublik gekommen ist, im Hinblick auf die bevorstehende Eheschließung –zusammen mit seinem Partner – eine Wohnung gesucht und gefunden hat, sich hier bereits „eingerichtet" hat, bereits „bei der Eheschließung" seinen gewöhnlichen Aufenthalt in der Bundesrepublik hatte, mag sein Aufenthalt vor der Eheschließung auch nur wenige Wochen gewährt haben.

Andrerseits ist ein Aufenthalt von längerer Dauer nicht in jedem Fall zugleich der „gewöhnliche" Aufenthalt. Der Student, der nur für ein Semester oder nur für ein Studienjahr in die Bundesrepublik kommt, hat hier noch keinen gewöhnlichen Aufenthalt, weil er von vornherein weiß, dass er in Bälde wieder in seine Heimat zurückkehren wird; anders der Student, der sein ganzes Studium in Deutschland absolvieren möchte. Der deutsche Entwicklungshelfer, der für ein Jahr an einem Projekt in einem Entwicklungsland mitarbeitet, hat seinen gewöhnlichen Aufenthalt nach wie vor in der Bundesrepublik; anders der Angestellte einer Weltfirma, der für unbestimmte Zeit die Leitung einer ausländischen Filiale übernommen hat[186]. 223

(3) Engste Verbindung

Auf die engste Verbindung kommt es an, wenn die Ehegatten bei der Eheschließung weder eine gemeinsame Staatsangehörigkeit noch ihren gewöhnlichen Aufenthalt im selben Staat hatten (Beispiel: Ein Deutscher mit gewöhnlichem Aufenthalt in Deutschland heiratet in Paris eine Französin mit gewöhnlichem Aufenthalt in Frankreich). Hier ist an das Recht des Staates anzuknüpfen, mit dem die Ehegatten „auf andere Weise am engsten verbunden sind". Dabei kann nicht nur auf die gemeinsame Verbindung zu einem Staat im Zeitpunkt der Eheschließung abgestellt werden (Beispiel: Der deutsche Ehemann hat seinen gewöhnlichen Aufenthalt in Frankreich, während die französische Ehefrau zur Zeit der Eheschließung in der Schweiz lebte. Hier hatten die beiden eine gemeinsame Verbindung zu Frankreich). Es kann auch die Zukunftsplanung der Eheleute einbezogen werden, etwa wenn die Eheleute beabsichtigen, ihren ersten ehelichen Wohnsitz im Heimat- oder Aufenthaltsstaat eines von ihnen zu begründen[187]. 224

(4) Anknüpfung nach der EuGüVO

Mit dem Geltungsbeginn der EuGüVO wird ein Paradigmenwechsel stattfinden. Wenn die Ehegatten nicht von der Möglichkeit einer Rechtswahl Gebrauch machen, wird an die Stelle der bisherigen – primären – An- 224a

---

186 Vgl. im Einzelnen *Johannsen/Henrich*, Art. 15 EGBGB Rdnrn. 6, 7.
187 Vgl. Bericht des Rechtsausschusses, BT-Drucks. 10/5632, S. 41.

knüpfung an das Recht des Staates, dem beide Ehegatten bei der Eheschließung angehören, die Anknüpfung an das Recht des Staates treten, in dem die Ehegatten nach der Eheschließung ihren ersten gemeinsamen gewöhnlichen Aufenthalt haben. Auf die gemeinsame Staatsangehörigkeit soll es nur noch in den seltenen Fällen ankommen, wenn die Eheleute auch nach der Eheschließung ihren gewöhnlichen Aufenthalt nicht im selben Staat haben. An letzter Stelle bleibt die Anknüpfung an das Recht des Staates, mit dem die Ehegatten zum Zeitpunkt der Eheschließung gemeinsam am engsten verbunden sind (Art. 26 EuGüVO).

b) Rechtswahl

225 Die Ehegatten können das maßgebende Güterrecht auch durch Rechtswahl bestimmen, sei es mittelbar (durch Wahl des allgemeinen Ehewirkungsstatuts gem. Art. 14 II-IV EGBGB vor der Eheschließung) oder unmittelbar (auch nach der Eheschließung). Während die Wahl nach Art. 14 II-IV EGBGB in der Praxis kaum vorkommt, hat die unmittelbare Wahl des Güterrechtsstatuts gem. Art. 15 II EGBGB durchaus praktische Bedeutung.

Art. 15 II EGBGB bestimmt: Die Ehegatten können für die güterrechtlichen Wirkungen ihrer Ehe wählen

(1) das Recht des Staates, dem einer von ihnen angehört,

(2) das Recht des Staates, in dem einer von ihnen seinen gewöhnlichen Aufenthalt hat, oder

(3) für unbewegliches Vermögen das Recht des Lageortes.

226 Die **Wahl des Heimatrechts** eines Ehegatten ist insbesondere in den Fällen von Bedeutung, in denen die Ehegatten sich nicht dem Recht des Staates unterstellen wollen, in dem sie zur Zeit der Eheschließung ihren gewöhnlichen Aufenthalt haben, z.B. weil sie wissen, dass sie in absehbarer Zeit in die Heimat eines von ihnen zurückkehren werden.

227 **Beispiel:**
Ein Deutscher heiratet in den USA eine Niederländerin. Die Eheleute wissen, dass sie nach ein bis zwei Jahren in die Bundesrepublik zurückkehren werden. Hier kann es durchaus sinnvoll sein, wenn sie durch Rechtswahl das (deutsche) Heimatrecht des Mannes als Güterrechtsstatut bestimmen.

228 Die zweite Wahlmöglichkeit **(Recht des Staates des gewöhnlichen Aufenthalts eines Ehegatten)** soll es insbesondere Ausländern, die im Inland leben, ermöglichen, das inländische Recht als Güterrechtsstatut zu wählen.

Beispiel: 229

Ein österreichisches Ehepaar lebt in der Bundesrepublik und gedenkt auch, hier zu bleiben. Hier kann es durchaus sinnvoll sein, wenn die Eheleute die Geltung deutschen Güterrechts vereinbaren. Sie sind dann nicht gezwungen, bei jedem größeren Rechtsgeschäft die Regelungen des österreichischen Ehegüterrechts nachzuweisen.

Die dritte Wahlmöglichkeit (**lex rei sitae**) ist auf Betreiben der Notare 230 in die gesetzliche Neuregelung aufgenommen worden. Man wollte damit den Erwerb deutscher Grundstücke durch ausländische Ehegatten erleichtern. Bei dieser Wahlmöglichkeit ist eine Kontroverse darüber entstanden, ob sich die Rechtswahl auf das gesamte unbewegliche Vermögen beziehen muss, das die Ehegatten z.Zt. der Rechtswahl haben oder nach der Rechtswahl erwerben, oder ob sich die Rechtswahl auf ein bestimmtes Grundstück beschränken kann. Der Wortlaut des Gesetzes („unbewegliches Vermögen", nicht: „das unbewegliche Vermögen") spricht für die zweite Alternative. Diese Auffassung darf inzwischen wohl auch als die herrschende bezeichnet werden[188].

Wollen die Ehegatten das Güterrechtsstatut durch Wahl bestimmen, 231 haben sie die Formvorschrift des Art. 15 III i.V.m. Art. 14 IV EGBGB zu beachten: Die Rechtswahl muss – wenn sie im Inland vorgenommen wird – notariell beurkundet werden. Bei einer Vornahme im Ausland genügt die Form, die dort für Eheverträge vorgeschrieben ist.

Die Möglichkeit einer Rechtswahl ist auch in der EuGüVO vorgesehen. Wählbar ist nach Art. 22 EuGüVO das Recht des Staates, in dem die Ehegatten oder künftigen Ehegatten oder einer von ihnen zum Zeitpunkt des Rechtswahl ihren/seinen gewöhnlichen Aufenthalt haben/hat oder dessen Staatsangehörigkeit einer der Ehegatten oder künftigen Ehegatten zum Zeitpunkt der Rechtswahl besitzt. Nicht mehr vorgesehen ist die Wahl der lex rei sitae für unbewegliches Vermögen.

c) Rück- und Weiterverweisung

Eine Rück- oder Weiterverweisung findet statt, wenn das ausländische 232 Kollisionsrecht die güterrechtlichen Wirkungen der Ehe anders anknüpft als Art. 15 EGBGB, also nicht an erster Stelle dem gemeinsamen Heimatrecht der Ehegatten unterstellt, sondern z.B. dem Recht ihres ersten gemeinsamen Wohnsitzes (so in Frankreich, Luxemburg und den Niederlanden aufgrund des in diesen Staaten geltenden Haager Übereinkommens über das auf Güterstände anwendbaren Rechts vom 14.3.1978). Dabei kann es auch zu einer teilweisen Rück- oder Weiterverweisung kommen, dann nämlich, wenn das ausländische Kollisionsrecht bewegliches und un-

---

188 Vgl. LG Mainz FamRZ 1994, 1457, m. Anm. *Mankowski*; *Palandt/Thorn*, Art. 15 EGBGB Rdnr. 22; *Johannsen/Henrich*, Art. 15 EGBGB Rdnr. 12; a.A. *Schotten*, DNotZ 1994, 566.

bewegliches Vermögen unterschiedlich anknüpft, z.b. grundsätzlich zwar auf die Staatsangehörigkeit oder das Domizil der Eheleute im Zeitpunkt der Eheschließung abstellt, später erworbenes unbewegliches Vermögen aber nach der lex rei sitae beurteilt[189]. Davon zu unterscheiden ist insbesondere die im Vereinigten Königreich praktizierte Vermögensaufteilung im Fall einer Scheidung, bei welcher die englischen Gerichte stets nach der lex fori entscheiden[190].

233 Knüpft das Heimatrecht der Eheleute deren güterrechtliche Beziehungen ebenso wie Art. 15 EGBGB an das gemeinsame Heimatrecht oder bei unterschiedlicher Staatsangehörigkeit an den gemeinsamen gewöhnlichen Aufenthalt der Eheschließenden an, so gibt es grundsätzlich keine Rückverweisung. Die Verweisung wird vom ausländischen Recht angenommen. Das gilt jedoch nur dann, wenn die ausländische Kollisionsnorm – ebenso wie Art. 15 I EGBGB – auf den Zeitpunkt der Eheschließung abstellt, das Güterrechtsstatut also ebenfalls unwandelbar anknüpft. Es gilt nicht im Fall einer wandelbaren Anknüpfung, also wenn die ausländische Kollisionsnorm die güterrechtlichen Beziehungen dem jeweiligen gemeinsamen Heimatrecht (wie in Italien) oder (wie zum Beispiel in der Schweiz) dem jeweiligen gemeinsamen Wohnsitz oder gewöhnlichen Aufenthalt der Eheleute unterstellt. Die unwandelbare Anknüpfung des Art. 15 EGBGB besagt nur, dass (anders als nach Art. 14 EGBGB) der deutsche Richter nicht auf das jeweilige Heimatrecht der Eheleute verwiesen wird, sondern auf das Heimatrecht der Eheleute im Zeitpunkt der Eheschließung. Ob es zu einer Rück- oder Weiterverweisung kommt, entscheidet nicht Art. 15 EGBGB, sondern das von dieser Norm für anwendbar erklärte, also das ausländische Kollisionsrecht. Stellt dieses auf das jeweilige Heimatrecht oder den jeweiligen gemeinsamen Wohnsitz der Eheleute ab und haben die ursprünglich ausländischen Eheleute nach der Eheschließung die deutsche Staatsangehörigkeit erworben oder einen neuen Wohnsitz in Deutschland begründet, so gilt – kraft Rückverweisung – deutsches Recht[191].

234 Haben die Ehegatten das Güterrechtsstatut durch Rechtswahl bestimmt, so ist eine Rück- oder Weiterverweisung ausgeschlossen. Bei einer Rechtswahl wird stets auf die „Sachvorschriften" (also nicht auch auf die Kollisionsnormen) verwiesen (Art. 4 II EGBGB). Nach dem Geltungsbe-

---

189 Vgl. etwa zum Recht des Staates Massachusetts KG FamRZ 2007, 1564.
190 Was bei internationaler Zuständigkeit der deutschen Gerichte dann zu einer „versteckten" Rückverweisung, d.h. zu einem Vermögensausgleich nach den Regeln der deutschen Zugewinngemeinschaft führt; so im Ergebnis auch KG FamRZ 2007, 1561 zum nigerianischen Recht.
191 Ganz h.M.; vgl. *Staudinger/Mankowski*, Art. 15 EGBGB Rdnr. 51; aus der Rechtsprechung OLG München FamRZ 2011, 1006; OLG Düsseldorf FamRZ 2011, 1510; OLG Celle FamRZ 2015, 160; OLG Bremen FamRZ 2016, 129; a.A. nur OLG Nürnberg FamRZ 2011, 1509 = IPRax 2012, 263 m. Anm. *Henrich*.

ginn der EuGüVO wird es in keinem Fall mehr eine Rück- oder Weiterverweisung geben (Art. 32 EuGüVO). Verwiesen wird also auch hier stets auf die Sachnormen des anwendbaren Rechts (Art. 3a EGBGB).

d) Ausländische Grundstücke

Grundsätzlich gilt das jeweilige Güterrechtsstatut für das gesamte Vermögen der Ehegatten, wo immer es belegen ist. Von diesem Grundsatz macht Art. 3a II EGBGB eine Ausnahme. Das Güterrechtsstatut gilt nicht für „Gegenstände" (praktisch nur: Grundstücke), die sich nicht im Inland befinden und die nach dem Recht des Staates, in dem sie sich befinden, besonderen Vorschriften unterliegen. 235

Diese Regelung hängt damit zusammen, dass in einer Reihe von Staaten Grundvermögen der lex rei sitae unterstellt wird. Diese Unterstellung bezieht sich in der Regel auch auf die güterrechtlichen Verhältnisse. Hier geht dann die lex rei sitae dem Güterrechtsstatut vor. Insbesondere bei Grundvermögen der Ehegatten oder eines Ehegatten in den Vereinigten Staaten muss damit gerechnet werden, dass im Fall einer Ehescheidung deutscher und in Deutschland lebender Ehegatten das in dem jeweiligen Staat belegene Grundvermögen von den dortigen Gerichten nach der lex rei sitae aufgeteilt wird. Nach Art. 3a II EGBGB ist dies hinzunehmen. Die lex rei sitae geht dem Güterrechtsstatut vor. 236

2. Intertemporale Regelung (Art. 220 III EGBGB)

Art. 15 EGBGB gilt in seiner Neufassung seit dem Tag des Inkrafttretens des IPR-Neuregelungsgesetzes, d.h. seit dem 1.9.1986. Abgestellt wird in Art. 15 EGBGB aber auf den Zeitpunkt der Eheschließung. Wenn nun die Eheschließung vor dem 1.9.1986 stattgefunden hat, bestimmt sich auch dann das eheliche Güterrecht nach Art. 15 EGBGB n.F.? Würde man die Frage uneingeschränkt bejahen, so könnte dies für viele Ehegatten eine Überraschung bedeuten. Ehegatten, die vor dem 1.9.1986 von der Geltung eines bestimmten Güterrechts ausgingen, würde – u.U. gegen ihren Willen – ein ganz anderes Güterrecht aufoktroyiert. Um diesem Spannungsverhältnis zwischen Geltungsanspruch des neuen Gesetzes und Vertrauensschutz Rechnung zu tragen, hat der Gesetzgeber die intertemporalrechtliche Regelung des Art. 220 III EGBGB geschaffen: Eine Vorschrift, die nicht sehr glücklich formuliert ist und deswegen zahlreiche Kontroversen ausgelöst hat. 237

Zum Verständnis dieser Vorschrift ist Folgendes vorauszuschicken: Nach dem früheren Art. 15 I EGBGB richteten sich die güterrechtlichen Beziehungen der Ehegatten nach dem Heimatrecht des Manne zum Zeit- 238 punkt der Eheschließung. Diese Regelung wurde durch Spruch des Bundesverfassungsgerichts v. 22.2.1983 für verfassungswidrig und nichtig erklärt. Die Entscheidung des Bundesverfassungsgerichts wurde am 8.4.1983 im Bundesgesetzblatt veröffentlicht. Von diesem Zeitpunkt an wusste man also, dass Art. 15 EGBGB nicht mehr galt.

239 Die Nichtigerklärung der alten Fassung des Art. 15 EGBGB ließ diese Vorschrift von dem Zeitpunkt an nichtig werden, zu dem sie gegen Art. 3 II GG verstieß, d.h. vom 1.4.1953 an; denn an diesem Tag trat Art. 3 II GG in Kraft (vgl. Art. 117 GG).

240 Aus diesen Daten ergeben sich drei Perioden: die Periode vor dem 1.4.1953, die Periode zwischen dem 1.4.1953 und dem 8.4.1983 und die Periode nach dem 8.4.1983.

241 Für Ehen, die in der ersten Periode geschlossen worden sind, zu einem Zeitpunkt also, zu dem Art. 15 EGBGB a.F. noch wirksam war, gilt diese alte Fassung unverändert: Das Ehegüterrecht richtet sich nach dem Heimatrecht des Mannes zum Zeitpunkt der Eheschließung. Die Ehegatten können aber, wenn sie wollen, ein anderes Güterrechtsstatut durch Rechtswahl bestimmen (Art. 220 III S. 6 EGBGB).

242 Bei Ehen, die in der zweiten Periode geschlossen worden sind, besteht die Besonderheit, dass Art. 15 EGBGB a.F. – rückblickend betrachtet – nichtig war, die Gerichte und auch ein großer Teil der Literatur seinerzeit aber von dem Fortbestand der Regelung ausgingen. Es kann darum unterstellt werden, dass die meisten Ehegatten, die in diesem Zeitabschnitt geheiratet haben, von der Geltung des Mannesrechts ausgingen, dass aber andere – zu Recht – der Mindermeinung Glauben schenkten und dem Mannesrecht keine Bedeutung mehr beimaßen. Den Interessen beider Gruppen sucht Art. 220 III EGBGB gerecht zu werden.

243 Dabei ist ein Fall klar: Gehörten beide Ehegatten im Zeitpunkt der Eheschließung demselben Staat an, so bestimmt sich das eheliche Güterrecht nach dem gemeinsamen Heimatrecht (Art. 220 III S. 1 Nr. 1 EGBGB)[192].

244 Hatten die Ehegatten bei der Eheschließung nicht dieselbe Staatsangehörigkeit, so ist zu unterscheiden: Haben sich die Ehegatten einem bestimmten Recht „unterstellt" oder sind sie von der Anwendbarkeit eines bestimmten Rechts „ausgegangen", so soll dieses Recht maßgebend sein (Art. 220 III S. 1 Nr. 2 EGBGB). War das nicht der Fall, so soll wiederum

---

192 Zum anwendbaren Recht in der Ehe einer Kroatin mit einem Slowenen, wenn zum Zeitpunkt der Eheschließung beide noch „jugoslawische" Staatsangehörige waren, vgl. OLG Frankfurt IPRax 2001, 140 m. Anm. *Henrich*, S. 113; s. auch OLG Nürnberg FamRZ 2017, 698 („Tschechoslowakische Staatsangehörigkeit").

das Heimatrecht des Mannes gelten, allerdings nur bis zum 8.4.1983. Danach soll Art. 15 EGBGB n.F. anwendbar sein (Art. 220 III S. 1 Nr. 3, S. 2 EGBGB).

Die hilfsweise Anknüpfung an das Heimatrecht des Mannes stieß verständlicherweise auf Kritik: Der Gesetzgeber kann – so sagte man – eine Regelung, die das Bundesverfassungsgericht für verfassungswidrig erklärt hat, nicht als hilfsweise Anknüpfungsnorm wieder einführen[193]. **245**

Der BGH hat versucht, diesem Vorwurf dadurch zu begegnen, dass er empfahl, den Anwendungsbereich der Nr. 2 weit auszudehnen und damit den Anwendungsbereich der Nr. 3 entsprechend einzuschränken. Davon abgesehen, dass dies kein Argument ist, den Vorwurf der Verfassungswidrigkeit in den verbleibenden Fällen auszuschalten, begegnet dieser Vorschlag einem weiteren Bedenken: **246**

Stellt man nämlich darauf ab, von welchem Recht die Eheleute „ausgegangen" sind, so wird man im Regelfall zur Anwendung des Mannesrechts kommen; denn die Anwendung des Mannesrechts entsprach der seinerzeit herrschenden Meinung. Auf diese Weise würde das Mannesrecht – entgegen dem Spruch des Bundesverfassungsgerichts – in den weitaus meisten Fällen das maßgebende Güterrechtsstatut bleiben. An diesem Rechtszustand würde auch Art. 220 III S. 2 EGBGB nichts ändern; denn nach der Interpretation dieser Vorschrift durch den Bundesgerichtshof sollte sie nicht gelten, wenn sich die Ehegatten einem bestimmten Recht unterstellt hatten oder von der Geltung eines bestimmten Rechts ausgegangen waren. Dieses Recht sollte über den 8.4.1983 hinaus weiter wirken[194]. **247**

Besser ausschalten lässt sich der Vorwurf der Verfassungswidrigkeit auf einem anderen Weg, den ebenfalls der BGH gewiesen hat: **248**

Nach Art. 220 III S. 1 Nr. 3 und S. 2 EGBGB gilt das Heimatrecht des Mannes nur bis zum 8.4.1983. Das soll nun – nach der Interpretation des BGH – nicht heißen, dass im Fall einer Scheidung nach dem 8.4.1983 etwa zwei Vermögensmassen gebildet werden müssten, die nach unterschiedlichen güterrechtlichen Regelungen abzuwickeln wären (z.B. Gütertrennung bis zum 8.4.1983, Zugewinngemeinschaft ab 9.4.1983). Vielmehr soll, wenn die Ehe nach dem 8.4.1983 aufgelöst worden ist, die güterrechtliche Auseinandersetzung so erfolgen, wie wenn die Ehegatten von Anfang an in dem nunmehr geltenden Güterstand gelebt hätten. Die Geltung des Mannesrechts vor dem 9.4.1983 bleibt damit auf abgeschlossene Vorgänge beschränkt: Ist die Scheidung vor dem 9.4.1983 erfolgt, so soll

---

193 Vgl. *Henrich*, IPRax 1987, 93; *Rauscher*, NJW 1987, 533 f.; *Schurig*, IPRax 1988, 88, 93.
194 Wegen dieser Bedenken hat das BVerfG in einer späteren Entscheidung die weite Ausdehnung des Art. 220 III S. 1 Nr. 2 für verfassungswidrig erklärt: BVerfG, Beschl. v. 18.12.2002, FamRZ 2003, 361, m. Anm. *Henrich*.

die güterrechtliche Auseinandersetzung nicht noch einmal aufgerollt werden. Steht die Wirksamkeit einer vor dem 9.4.1983 erfolgten Verfügung in Frage, soll nicht nachträglich deren Unwirksamkeit behauptet werden können (z.B. unter Berufung auf § 1365 BGB).

249 Wird die Herrschaft des Mannesrechts in dieser Weise auf abgeschlossene Vorgänge begrenzt, so ist die Regelung m.E. mit Art. 3 III GG noch vereinbar.

Beispiele:

250 • Galt in der Ehe (nach dem Heimatrecht des Mannes) bis zum 8.4.1983 Gütertrennung und danach Zugewinngemeinschaft, so erfasst der Zugewinnausgleich das gesamte Vermögen der Ehegatten, also auch das Vermögen, das vor dem Stichtag erworben wurde.

251 • Galt in der Ehe bis zum 8.4.1983 Gütergemeinschaft nach ausländischem Recht und danach Zugewinngemeinschaft, so wandelt sich das bisherige Gesamtgut (Gesamthandsvermögen) am Stichtag automatisch in Miteigentum nach Bruchteilen (das Grundbuch ist entsprechend zu berichtigen)[195].

252 Wenn nach dem Gesagten der Weg über Art. 220 III S. 1 Nr. 3 EGBGB verfassungsrechtlich unbedenklich ist, so empfiehlt es sich, insbesondere auch angesichts der Entscheidung des BVerfG v. 18.12.2002 (FamRZ 2003, 361) eher diesen Weg zu beschreiten als den über Art. 220 III S. 1 Nr. 2 EGBGB. Die Anwendung der letztgenannten Vorschrift sollte auf die Fälle beschränkt bleiben, in denen sich die Eheleute eindeutig einem Recht unterstellt haben, insbesondere durch Abschluss eines Ehevertrages ihren gemeinsamen Willen zum Ausdruck gebracht haben, dass ein bestimmter Güterstand für sie gelten soll[196]. Dem Recht dagegen, von dem die Ehegatten lediglich ausgegangen sind, sollte nur dann Bedeutung zukommen, wenn die Ehegatten von der Geltung einer verfassungskonformen Regel ausgegangen sind, nicht aber, wenn sie die verfassungswidrige Regelung des Art. 15 EGBGB a.F. lediglich hingenommen haben.

253 **Beispiel:**

Ehemann Italiener, Ehefrau Deutsche, Eheschließung 1956, Ehescheidung rechtskräftig am 30.10.2003, gemeinsamer gewöhnlicher Aufenthalt am 9.4.1983 in der Bundesrepublik[197].

Da die Ehegatten nicht dieselbe Staatsangehörigkeit hatten, ist zunächst zu prüfen, ob sie sich einem bestimmten Recht unterstellt haben. Ist dies der Fall, so muss diese (schlüssige) Rechtswahl auch im Rahmen des Art. 220 III S. 2 EGBGB gelten (Formanforderungen des Art. 15 EGBGB n.F. betreffen nur eine Rechtswahl nach dem 8.4.1983, eine zuvor – schlüssig – zustande gekommene Rechtswahl behält ihre Gültigkeit).

---

195 Vgl. *Palandt/Thorn*, Art. 15 EGBGB Rdnr. 13.
196 KG FamRZ 2007, 1478.
197 BGH IPRax 1987, 114.

Internationale Zuständigkeit

Haben sich die Ehegatten nicht einem bestimmten Recht unterstellt, so hilft Art. 220 III S. 1 Nr. 3 EGBGB, allerdings nur bis zum 8.4.1983. Danach tritt an seine Stelle Art. 15 EGBGB n.F. In diesem Fall gilt aber eine Besonderheit: Maßgeblicher Zeitpunkt für die Anknüpfung ist nicht der Zeitpunkt der Eheschließung, sondern der 9.4.1983 (Art. 220 III S. 3 EGBGB). Zu fragen ist also: Hatten die Eheleute am 9.4.1983 dieselbe Staatsangehörigkeit? Wenn nein: Wo hatten sie an diesem Tag ihren gemeinsamen gewöhnlichen Aufenthalt? Lag der gemeinsame gewöhnliche Aufenthalt in der Bundesrepublik, gilt für die güterrechtliche Abwicklung deutsches Recht. Die Ehegatten werden so angesehen, wie wenn sie von Anfang an im Güterstand der Zugewinngemeinschaft gelebt hätten. Auszugleichen ist damit der gesamte in der Ehe erwirtschaftete Zugewinn, nicht etwa nur der Zugewinn, der seit dem 9.4.1983 erzielt wurde.

254

Variation:

Ehemann Deutscher, Ehefrau Italienerin, Eheschließung 1962, Ehefrau hat am 16.5.1964 die deutsche Staatsbürgerschaft hinzuerworben, gemeinsamer gewöhnlicher Aufenthalt in Italien[198].

255

Auch hier wiederum ist zunächst zu fragen: Haben sich die Ehegatten einem bestimmten Recht unterstellt? Wenn ja, gilt für die güterrechtliche Auseinandersetzung dieses Recht. Wenn nein, ist zunächst (bis zum 8.4.1983) von der Geltung des Mannesrechts auszugehen, danach von Art. 15 EGBGB n.F. mit der Maßgabe, dass an die Stelle des Tages der Eheschließung für die Anknüpfung der 9.4.1983 tritt. Da an diesem Tag beide Ehegatten die deutsche Staatsangehörigkeit besaßen, gilt für die Auseinandersetzung die Zugewinngemeinschaft des deutschen Rechts.

Was schließlich Ehen angeht, die nach dem 8.4.1983 geschlossen worden sind, so bestimmt Art. 220 III S. 5 EGBGB: Maßgebend ist Art. 15 EGBGB n.F. Bis zu diesem Zeitpunkt legt sich das Gesetz also rückwirkende Geltung bei. Einer Rechtswahl kommt hier nur dann Bedeutung zu, wenn sie sich im Rahmen des Art. 15 EGBGB hält und insbesondere auch den dort aufgestellten Formvoraussetzungen genügt (bei einer Rechtswahl im Inland also notariell beurkundet ist). Das ist insofern merkwürdig, als hier eine Formvorschrift rückwirkend gelten soll.

256

3. Internationale Zuständigkeit

Die am 24.6.2016 vom Europäischen Rat verabschiedete Güterrechtsverordnung 2016/1103 (EuGüVO, s.o. Fn. 185) wird ab dem 29.1.2019 neben dem anwendbaren Recht auch die internationale Zuständigkeit in Fragen des ehelichen Güterstands regeln. Bis zu diesem Geltungsbeginn

257

---
198 BGH FamRZ 1987, 679.

bleibt es bei dem bisherigen Rechtszustand. Mangels international geltender Vorschriften sind die nationalen Regeln maßgebend. Danach orientiert sich die internationale Zuständigkeit an der örtlichen Zuständigkeit (§ 105 FamFG). Wird im Rahmen eines Ehescheidungsverfahrens in Deutschland auch über güterrechtliche Fragen gestritten, so ist nach § 262 I FamFG das Gericht, bei dem die Ehesache im ersten Rechtszug anhängig ist oder war, auch für die Güterrechtssache örtlich zuständig. Indessen ergibt sich hier die internationale Zuständigkeit der deutschen Gerichte bereits aus § 98 II FamFG. Lediglich für ein isoliertes Verfahren ist also auf § 262 II FamFG zurückzugreifen, der in diesem Fall auf die Zuständigkeitsregeln der ZPO verweist[199].

Für Verfahren, die nach dem Geltungsbeginn der EuGüVO, also ab dem 29.1.2019, eingeleitet werden, richtet sich die internationale Zuständigkeit nach den Art. 4–12 dieser Verordnung. Art. 4 regelt die Zuständigkeit für Entscheidungen über den ehelichen Güterstand, wenn ein Gericht eines Mitgliedstaates im Zusammenhang mit der Rechtsnachfolge von Todes wegen eines Ehegatten angerufen wird, Art. 5 regelt die Zuständigkeit im Fall einer Ehescheidung (die Zuständigkeit für die Scheidung erstreckt sich auch auf Fragen des ehelichen Güterstands), Art. 6 handelt von der Zuständigkeit in anderen Fällen, also in einem isolierten Verfahren, Art. 7 lässt in einem solchen Fall eine Gerichtsstandsvereinbarung zu (vereinbart werden kann u.a. die Zuständigkeit der Gerichte des Mitgliedstaates, in dem die Ehe geschlossen wurde; das kann sich insbesondere für Paare empfehlen, die ihre güterrechtlichen Ansprüche auch für den Fall einer späteren Übersiedlung in ein Land sichern wollen, das eine Rechtswahl des Güterrechtsstatuts nicht anerkennt; vgl. zu Unterhaltsansprüchen oben Rdnr. 133), Art. 8 regelt die Zuständigkeit aufgrund rügeloser Einlassung, Art. 9 gewährt eine alternative Zuständigkeit, wenn ein an sich zuständiges Gericht die streitgegenständliche Ehe für das güterrechtliche Verfahren nicht anerkennt, Art. 10 stellt eine subsidiäre Zuständigkeit am Ort der Belegenheit unbeweglichen Vermögens zur Verfügung, Art. 11 handelt (ähnlich wie Art. 7 EuUntVO) von der Notzuständigkeit und Art. 12 schließlich von der Zuständigkeit für eine Widerklage.

---

199 OLG Frankfurt FamRZ 2013, 1490; OLG Nürnberg FamRZ 2017, 698.

IV. Sonstiges Familienvermögensrecht

Vermögensrechtliche Ansprüche können auch außerhalb des ehelichen Güterrechts entstehen. Ehegatten können Verträge schließen: Arbeitsverträge, Gesellschaftsverträge. Sie können Miteigentum begründen, z.b. an der ehelichen Wohnung oder an Haushaltsgegenständen. Sie können aber auch ohne eine vertragliche Bindung Leistungen erbringen, z.b. durch Mitarbeit im Beruf oder Geschäft des anderen Ehegatten. 258

Vertragliche Schuldverhältnisse unterliegen der Rom I-VO, also der Verordnung (EG) Nr. 593/2008 des Europäischen Parlaments und des Rates v. 17.6.2008 über das auf vertragliche Schuldverhältnisse anzuwendende Recht. Zwar schließt Art. 1 IIb der Rom I-VO Schuldverhältnisse aus einem Familienverhältnis einschließlich der Unterhaltspflicht aus dem Anwendungsbereich der Verordnung aus, aber Ansprüche aus – z.B. – einem Arbeits- oder Gesellschaftsvertrag bleiben vertragliche Schuldverhältnisse auch dann, wenn die Vertragspartner miteinander verheiratet sind. Danach unterliegen „Dienstleistungsverträge" dem Recht des Staates, in dem der Dienstleister seinen gewöhnlichen Aufenthalt hat (falls die Vertragspartner keine Rechtswahl getroffen haben) (Art. 4 Ib Rom I-VO). Art. 4 III Rom I-VO lässt zwar eine andere Anknüpfung zu, wenn sich aus der Gesamtheit der Umstände ergibt, dass der Vertrag eine offensichtlich engere Verbindung zu einem anderen Staat aufweist. Jedoch besteht für eine solche Abweichung von der Regel kein Anlass, wenn die Eheleute über die zu erbringenden Dienstleistungen eine vertragliche Vereinbarung getroffen haben, nicht zuletzt auch wegen der mit einem solchen Abschluss verknüpften steuerrechtlichen und sozialrechtlichen Konsequenzen. Ob also die Ehefrau, die – z.B. als Sprechstundenhilfe – mit ihrem Mann einen Arbeitsvertrag geschlossen hat, bei Scheidung der Ehe ausstehende Lohnzahlungen geltend machen kann, richtet sich bei gewöhnlichem Aufenthalt der Eheleute in Deutschland nach deutschem Recht, auch wenn beide Ehegatten österreichische Staatsangehörige sind. Im Fall einer nur stillschweigend oder konkludent vereinbarten Innengesellschaft bestehen dagegen Zweifel, ob auch sie schuldrechtlich qualifiziert werden sollten oder ob sie nicht dem ehelichen Güterrecht näher stehen als dem Schuldrecht. Hält man an der schuldrechtlichen Qualifikation fest, so empfiehlt sich jedenfalls hier über Art. 4 III Rom I-VO wegen der funkti- 259 onellen Nähe eine akzessorische Anknüpfung an das Ehegüterrechtsstatut[200].

260 Zweifel bestehen über die Anknüpfung von Ansprüchen, die auf einen Ausgleich von **Leistungen** gerichtet sind, die **ohne eine vertragliche Absicherung** erbracht wurden. Nach Art. 1 IIa der Rom II-VO, also der Verordnung (EG) Nr. 864/2007 des Europäischen Parlaments und des Rates über das auf außervertragliche Schuldverhältnisse anzuwendende Recht v. 11.7.2007, sind außervertragliche Schuldverhältnisse aus einem Familienverhältnis einschließlich der Unterhaltspflichten vom Anwendungsbereich der Verordnung ausgenommen. Das hat seinen Grund darin, dass in einer Reihe von Staaten (ebenso wie früher auch in Deutschland) Ehegatten **familienrechtlich** verpflichtet sind oder verpflichtet sein können, im Beruf oder Geschäft des anderen mitzuarbeiten. Ob aufgrund einer solchen Mitarbeit bei Auflösung der Ehe ein Ausgleich verlangt werden kann, ist also eine Frage des Familienrechts (oder kann zumindest eine Frage des Familienrechts sein), genauer: eine Frage der Wirkungen der Ehe im Allgemeinen[201]. Es liegt darum nahe, die Mitarbeitspflicht oder Ausgleichsansprüche aufgrund tatsächlich geleisteter Mitarbeit den allgemeinen Ehewirkungen zuzuordnen, sie damit unter Art. 14 EGBGB zu subsumieren[202]. Nach der Neufassung des Art. 17 I EGBGB ist auch eine Unterstellung unter das Scheidungsstatut zu erwägen (s.o. Rdnr. 155).

261 Die **Europäische Güterrechtsverordnung** (EuGüVO, s.o. Fn. 185), die für alle Paare gelten wird, die nach dem 29.1.2019 die Ehe eingehen, bezieht in ihren Anwendungsbereich „sämtliche vermögensrechtlichen Regelungen" ein, „die zwischen den Ehegatten und in ihren Beziehungen zu Dritten aufgrund der Ehe oder der Auflösung der Ehe gelten" (Art. 3 Ia EuGüVO). Unter diesen weiten Begriff des ehelichen Güterstands fallen auch Ausgleichsansprüche. Künftig werden diese damit dem von den Ehegatten gewählten Güterstand oder, mangels einer Rechtswahl, dem Recht des Staates unterliegen, in dem die Ehegatten nach der Eheschließung ih-

---

200 BGH FamRZ 2015, 1379, m. Anm. *Christandl.*
201 Vgl. z.B. § 98 S. 1 des österreichischen ABGB: „Wirkt ein Ehegatte im Erwerb des anderen mit, so hat er Anspruch auf angemessene Abgeltung seiner Mitwirkung." In Spanien wird bei der Festsetzung des nachehelichen Unterhalts u.a. die Mitwirkung bei der Handels-, Gewerbe- oder Berufstätigkeit des anderen Ehegatten berücksichtigt (Art. 97 II Ziff. 5 C.c.). Ähnlich Art. 165 I des schweizerischen ZGB; s. dazu auch Trib.fed., 14.3.2012, FamPra.ch 2012, 716.
202 Für eine Anknüpfung an Art. 14 EGBGB: *Staudinger/Mankowski* (2011), Art. 14 EGBGB Rdnr. 294; MünchKomm/*Siehr,* Art. 14 EGBGB Rdnr. 98; ausführlich, auch zu der Frage einer Rückverweisung kraft abweichender Qualifikation, *Henrich,* Ehegattenmitarbeit und IPR, FS Richardi, 2007, S. 1039, 1043.

ren ersten gemeinsamen gewöhnlichen Aufenthalt haben (Art. 26 I EuGüVO)[203].

Zu den Ansprüchen auf Zuweisung der Ehewohnung und Herausgabe **262** von Haushaltsgegenständen s. oben Rdnr. 151 ff.

---

203 Vgl. *Henrich*, Zur EU-Güterrechtsverordnung: Handlungsbedarf für die nationalen Gesetzgeber, ZfRV 2016, 171, 173.

V. Versorgungsausgleich

1. Die Regelung in Art. 17 III EGBGB

a) Übersicht

Nach Art. 17 III EGBGB gilt für die Durchführung des Versorgungsausgleichs grundsätzlich das Scheidungsstatut. Von der Geltung des Scheidungsstatuts auch für den Versorgungsausgleich macht aber Art. 17 III S. 1, 2. Halbs. EGBGB eine wichtige Ausnahme: Der Versorgungsausgleich ist – jedenfalls von Amts wegen – nur durchzuführen, wenn die Ehe nach deutschem Recht geschieden wird, auf den Versorgungsausgleich also deutsches Recht anzuwenden ist, und ihn darüber hinaus das Recht eines der Staaten kennt, denen die Ehegatten im Zeitpunkt des Eintritts der Rechtshängigkeit des Scheidungsantrags angehören. Kommt danach eine Durchführung des Versorgungsausgleichs von Amts wegen nicht in Frage, kann jedoch jeder Ehegatte seine Durchführung beantragen. Nach Art. 17 III S. 2 EGBGB ist der Versorgungsausgleich auf Antrag eines Ehegatten nach deutschem Recht durchzuführen, wenn einer der Ehegatten in der Ehezeit ein Anrecht bei einem inländischen Versorgungsträger erworben hat, soweit die Durchführung des Versorgungsausgleichs im Hinblick auf die beiderseitigen wirtschaftlichen Verhältnisse während der gesamten Ehezeit der Billigkeit entspricht.

263

b) Durchführung des Versorgungsausgleichs von Amts wegen

Von Amts wegen ist der Versorgungsausgleich somit nur durchzuführen, wenn

264

(1) Scheidungsstatut das deutsche Recht ist und damit auch für die Durchführung des Versorgungsausgleichs deutsches Recht gilt und

(2) ihn das Recht eines der Staaten kennt, denen die Ehegatten im Zeitpunkt des Eintritts der Rechtshängigkeit des Scheidungsantrags angehören.

Dass bei einer Ehescheidung in Deutschland Scheidungsstatut das deutsche Recht ist, ist nach der Rom III-VO faktisch die Regel. Da für die Ehescheidung primär das Recht anzuwenden ist, in dem die Ehegatten ih-

265

ren gewöhnlichen Aufenthalt haben, richtet sich die Ehescheidung auch dann nach deutschem Recht, wenn beide Ehegatten Ausländer sind. In diesem Fall kommt aber die zweite der genannten Voraussetzungen zum Zuge: Der Versorgungsausgleich ist nur dann von Amts wegen durchzuführen, wenn wenigstens das Heimatrecht eines Ehegatten einen Versorgungsausgleich i.S. des deutschen Rechts kennt. Wird also ein türkisches, italienisches oder polnisches Ehepaar in Deutschland geschieden, so findet trotz Anwendbarkeit deutschen Rechts auf die Scheidung kein Versorgungsausgleich von Amts wegen statt, da keiner der genannten Staaten einen Versorgungsausgleich i.S. des deutschen Rechts kennt. Anders kann es sein bei der Ehescheidung eines englischen, schweizerischen oder niederländischen Paares.

266 Ist ein Ehegatte Deutscher, so ist ein Versorgungsausgleich in jedem Fall von Amts wegen durchzuführen, da ja das deutsche Recht den Versorgungsausgleich „kennt". Dasselbe ist anzunehmen, wenn ein Ehegatte Flüchtling oder Asylberechtigter ist, weil er dann ein deutsches Personalstatut hat (Art. 12 Genfer Flüchtlingskonvention, § 2 I AsylG) und damit kollisionsrechtlich wie ein Deutscher zu behandeln ist[204].

267 Sinn der Regelung, die die Durchführung des Versorgungsausgleichs davon abhängig macht, dass wenigstens ein Ehegatte den Versorgungsausgleich kennt, ist, ausländische Ehegatten vor Überraschungen durch ein ihnen unbekanntes Rechtsinstitut zu schützen[205]. Wenn ausländische Ehegatten im Inland geschieden werden, müssen sie zwar damit rechnen, dass die Voraussetzungen der Ehescheidung nach deutschem Recht bestimmt werden. Sie müssen auch damit rechnen, dass eine güterrechtliche Auseinandersetzung, nach welchem Recht auch immer, stattfindet. Dass aber in die Auseinandersetzung auch ihre Pensions- oder Rentenansprüche einbezogen werden, wird viele überraschen, da ein solcher Versorgungsausgleich in den meisten Staaten unbekannt ist.

268 Problematisch sind hier die Fälle, in denen das Heimatrecht der Eheleute zwar eine Aufteilung von Pensions- und Rentenanrechten kennt, die Regelung der Aufteilung sich aber von der Regelung des deutschen Versorgungsausgleichs in wesentlichen Punkten unterscheidet.

269 So kann etwa in **England** das Gericht im Zusammenhang mit einer Ehescheidung auf Antrag eine Teilung von Rentenanwartschaften anordnen (pension sharing order, Sec. 21A Matrimonial Causes Act 1973), wobei allerdings die in der Ehezeit erworbenen Anrechte nicht jeweils hälftig zwischen den geschiedenen Ehegatten aufgeteilt werden, sondern die Aufteilung nach den konkreten Bedürfnissen erfolgt, insbesondere unter Be-

---
204 *Bamberger/Roth/Heiderhoff*, Art. 17 EGBGB Rdnr. 103.
205 *Bamberger/Roth/Heiderhoff*, aaO.

Die Regelung in Art. 17 III EGBGB

rücksichtigung der Bedürfnisse der minderjährigen Kinder der Ehegatten, aber auch der Beiträge, die jeder Ehegatte während der Ehe zum Wohl der Familie geleistet hat (Sec. 25 Matrimonial Causes Act 1973). In der **Schweiz** findet im Rahmen der beruflichen Vorsorge (die der betrieblichen Altersversorgung des deutschen Rechts vergleichbar ist) ein sog. Vorsorgeausgleich statt (Art. 122 I ZGB). Nicht ausgeglichen werden jedoch staatliche Sozialversicherungsansprüche sowie Ansprüche aus einer privaten Alters- und Invaliditätsvorsorge. Auch in den **Niederlanden** findet im Fall einer Ehescheidung ein Versorgungsausgleich statt. Auszugleichen sind allerdings auch hier nur Rentenanwartschaften in bestimmten Privat- oder Betriebspensionskassen. Ausgeklammert sind die gesetzlichen Anrechte nach dem allgemeinen Altersversicherungsgesetz (Volksrenten) sowie ausländische Anrechte, soweit nicht Güterrechtsstatut das niederländische Recht ist. Wegen dieser Unterschiede hat der BGH erklärt, dass das niederländische Recht einen Versorgungsausgleich i.S. des deutschen Rechts nicht kenne[206].

Legt man diesen strengen Maßstab an, so dürfte es kaum ein ausländisches Recht geben, das einen Versorgungsausgleich i.S. des deutschen Rechts kennt. Ob an dieser engen Auslegung des Art. 17 III EGBGB auch nach dem Inkrafttreten des Versorgungsausgleichsgesetzes festgehalten werden kann, ist im Hinblick darauf zweifelhaft, dass nunmehr in Deutschland an die Stelle des Einmalausgleichs der Hin- und Herausgleich getreten ist und ein Wertausgleich bei der Scheidung u.a. dann nicht stattfindet, wenn ein Anrecht bei einem ausländischen Versorgungsträger besteht (§§ 9, 19 VersAusglG). Sind also nicht mehr sämtliche Anrechte in die Bilanz einzustellen, ist vielmehr jedes einzelne Anrecht aufzuteilen, und werden Anrechte bei einem ausländischen Versorgungsträger im Zeitpunkt der Ehescheidung als nicht ausgleichsreif angesehen, so sollte es jedenfalls dann, wenn Scheidungsstatut das deutsche Recht ist und demzufolge auch der Versorgungsausgleich nach deutschem Recht durchzuführen ist, für die Durchführung von Amts wegen genügen, wenn wenigstens ein Ehegatte aufgrund seines Heimatrechts mit der richterlichen Aufteilung seiner Pensions- oder Rentenansprüche rechnen musste. Das ist sowohl bei Schweizern als auch bei Niederländern und den Angehörigen einiger weiterer Staaten der Fall, möglicherweise auch bei Engländern; denn auch sie mussten mit einer richterlichen Aufteilung ihrer pension rights rechnen, wenn auch nicht unbedingt mit einer hälftigen Aufteilung.

270

---

206 BGH FamRZ 2009, 677, 681.

c) Durchführung des Versorgungsausgleichs auf Antrag

271 Scheidet nach dem Gesagten die Durchführung des Versorgungsausgleichs von Amts wegen aus, kommt eine Durchführung auf Antrag in Betracht. Haben die türkischen, italienischen oder polnischen Ehegatten Anrechte bei einem inländischen Versorgungsträger erworben, z.B. bei der DRV-Bund, der DRV eines Bundeslandes oder innerhalb der betrieblichen Altersversorgung, so würde es auf Unverständnis stoßen, wenn bei Scheidung der Ehe in Deutschland diese Anrechte allein deswegen nicht ausgeglichen würden, weil die Heimatrechte der Eheleute das Rechtsinstitut des Versorgungsausgleichs nicht kennen. Deshalb sieht Art. 17 III S. 2 EGBGB die Aufteilung der im Inland erworbenen Versorgungsanrechte vor, wenn ein Ehegatte einen entsprechenden Antrag stellt, allerdings nur, „soweit die Durchführung des Versorgungsausgleichs im Hinblick auf die beiderseitigen wirtschaftlichen Verhältnisse während der gesamten Ehezeit der Billigkeit entspricht". Es geht also nur um die Aufteilung der bei **inländischen Versorgungsträgern** begründeten Versorgungsrechte. Im Ausland begründete Versorgungsrechte werden bei der Scheidung nicht aufgeteilt (§ 19 I VersAusglG). Die Eheleute werden auf die Ausgleichsansprüche nach der Scheidung (§§ 20-26 VersAusglG) verwiesen (§ 19 IV VersAusglG). Unbenommen bleibt ihnen daneben die Möglichkeit, Ausgleichsansprüche im Ausland nach den dort geltenden Vorschriften durchzusetzen[207].

272 Hat ein Ehegatte Versorgungsanrechte im Ausland erworben, kann dies Auswirkungen auch auf die im Inland begründeten Anrechte haben. Es wäre z.B. unbillig, wenn der Ehegatte, der Anrechte im Inland erworben hat, bei der Scheidung verpflichtet wäre, diese Anrechte mit dem anderen Ehegatten zu teilen, während er bezüglich der ausländischen Anrechte des anderen auf den – unsicheren – schuldrechtlichen Ausgleichsanspruch verwiesen würde. § 19 III VersAusglG sieht für diesen Fall eine Sperrwirkung vor: Hat ein Ehegatte ausländische und damit nicht ausgleichsreife Anrechte erworben, findet bei der Scheidung auch bezüglich der sonstigen Anrechte der Ehegatten kein Wertausgleich statt, soweit dies für den anderen Ehegatten unbillig wäre. Als Regel gilt also: Hat ein Ehegatte nicht ausgleichsreife Anrechte erworben, können beide Ehegatten nur eine schuldrechtliche Ausgleichsrente verlangen. Der Ehegatte mit den ausländischen Anrechten kann also bei der Scheidung nicht die Aufteilung der vom anderen Ehegatten erworbenen (ausgleichsreifen) Versorgungsanrechte ver-

---

207 Zur Durchsetzung in England vgl. *Heenan*, Scuppering Schofield? The impact of the EU Maintenance Regulation on claims for pension sharing, [2012] Fam Law, 191; zur Frage der Anwendbarkeit von Art. 17 III S. 2 EGBGB bei iranischen Ehegatten (Ausschluss durch das **Deutsch-iranische Niederlassungsabkommen**) vgl. EuGHMR FamRZ 2011, 1037; OLG Frankfurt FamRZ 2011, 1065; zur Scheidung iranischer Eheleute s.o. Rdnr. 73.

langen. Auch er wird auf die Ausgleichsansprüche nach der Scheidung verwiesen[208]. Das ist jedenfalls die Regel. Im Regelfall wird es für den Ehegatten mit den ausgleichsreifen Anrechten unbillig sein, sie zur Hälfte gegen eine unsichere schuldrechtliche Ausgleichsrente einzutauschen[209]. Ausnahmen sind denkbar, etwa wenn die ausländischen Anrechte nur von geringem Wert sind, in keinem Verhältnis zu den wesentlich werthöheren inländischen Anrechten stehen. § 19 III VersAusglG ergänzt Art. 17 III S. 2 EGBGB. Während dieser für die Billigkeitsprüfung auf die beiderseitigen wirtschaftlichen Verhältnisse während der Ehezeit abstellt, regelt jener den Fall, dass einem inländischen Anrecht ein – nicht ausgleichsreifes – ausländisches Anrecht gegenübersteht. § 19 III VersAusglG kommt nur zum Zuge, wenn die Durchführung des Versorgungsausgleichs nicht bereits an Art. 17 III S. 2 EGBGB scheitert[210]. An Art. 17 III S. 2 EGBGB kann die Durchführung des Versorgungsausgleichs scheitern, wenn seine Durchführung „im Hinblick auf die beiderseitigen wirtschaftlichen Verhältnisse während der gesamten Ehezeit" der Billigkeit widersprechen würde. Das kann etwa der Fall sein, wenn der Ehegatte, der den Versorgungsausgleich beantragt, während der Ehezeit von dem Antragsgegner großzügig bedacht worden ist, seine Altersversorgung – z.B. durch Grundvermögen – gesichert ist, wogegen der Antragsgegner auf seine Versorgungsansprüche dringend angewiesen ist[211]. Art. 17 III S. 2 EGBGB stellt nur auf die wirtschaftlichen Verhältnisse ab. Persönliches Fehlverhalten schließt die Geltendmachung danach nicht aus. In besonders krassen Fällen kann der in Anspruch Genommene sich jedoch auf die Härteklausel des § 27 VersAusglG berufen[212].

Der Antrag nach Art. 17 III S. 2 EGBGB muss, wenn im Verbund entschieden werden soll, beim Familiengericht im ersten Rechtszug gestellt werden. Wird er erst in der Beschwerdeinstanz gestellt, kommt nur ein isoliertes Versorgungsausgleichsverfahren in Betracht[213]. Der Antrag kann auch noch nach rechtskräftiger Ehescheidung gestellt werden[214].

Wird kein Antrag gestellt und findet deswegen kein Versorgungsausgleich statt, so hat eine entsprechende Feststellung dieses Umstandes im Tenor der Entscheidung zu unterbleiben. Eine Tenorierung („ein Versorgungsausgleich findet nicht statt") könnte nämlich im Fall einer späteren

---
208 OLG Karlsruhe FamRZ 2015, 754; OLG Koblenz, FamRZ 2016, 468.
209 OLG Zweibrücken FamRZ 2015, 2063.
210 OLG Bremen FamRZ 2016, 141.
211 BGH FamRZ 2014, 105; s. auch OLG Köln FamRZ 2016, 1592.
212 BGH FamRZ 2014, 105; s. dazu auch *Rauscher*, Unbilligkeit bei Versorgungsausgleich mit Auslandsbezug, IPRax 2015, 139.
213 OLG München FamRZ 2000, 165; 2014, 862.
214 OLG Stuttgart FamRZ 2009, 1587.

Antragstellung den Einwand begründen, über den Versorgungsausgleich sei bereits rechtskräftig entschieden[215].

d) Scheidung im Ausland

275　Ist die Ehe im Ausland rechtskräftig geschieden[216], dabei aber kein Versorgungsausgleich durchgeführt worden, so kann die Durchführung des Versorgungsausgleichs im Inland nachgeholt werden, wenn aus deutscher Sicht ein Versorgungsausgleich hätte durchgeführt werden müssen oder auf Antrag durchgeführt werden können. Aus deutscher Sicht hätte ein Versorgungsausgleich durchgeführt werden müssen, wenn auf die Ehescheidung nach der Rom III-VO deutsches Recht anwendbar war (z.B. als Recht des letzten gemeinsamen gewöhnlichen Aufenthalts, den ein Ehegatte beibehalten hat) und das Heimatrecht wenigstens eines Ehegatten den Versorgungsausgleich kennt (insbesondere wenn ein Ehegatte Deutscher war). Auf Antrag hätte ein Versorgungsausgleich durchgeführt werden können, wenn die Voraussetzungen des Art. 17 III S. 2 EGBGB gegeben waren. Nach welchem Recht das ausländische Gericht die Ehe geschieden hat, spielt in diesem Zusammenhang keine Rolle.

276　Hätte aus deutscher Sicht ein Versorgungsausgleich stattfinden müssen, bedarf es für die nachträgliche Durchführung an sich keines Antrags (der Versorgungsausgleich ist von Amts wegen durchzuführen), wohl aber, damit das Verfahren in Gang kommt, wenigstens einer Anregung. In den sonstigen Fällen bleibt es bei dem Antragserfordernis des Art. 17 III S. 2 EGBGB.

277　Hat im Ausland zwar kein Versorgungsausgleich i.S. des deutschen Rechts stattgefunden, wurden aber Versorgungsanrechte in anderer Weise berücksichtigt, z.B. in den güterrechtlichen Ausgleich einbezogen, so scheidet ein nachträglicher Versorgungsausgleich in Deutschland aus[217]. Wurden bestehende Versorgungsanrechte zwar nicht in den güterrechtlichen Ausgleich einbezogen, wohl aber im Rahmen einer allgemeinen Ausgleichsanordnung, z.B. einer prestation compensatoire i.S. des französischen Rechts, berücksichtigt, so wird jedenfalls zu prüfen sein, ob die nachträgliche Durchführung eines Versorgungsausgleichs nicht der Billigkeit widerspricht[218].

215　OLG München FamRZ 2000, 165; übersehen von AmtsG Otterndorf FamRZ 2012, 1140.
216　OLG Bremen FamRZ 2014, 960.
217　Vgl. *Staudinger/Mankowski*, Art. 17 EGBGB Rdnr. 397.
218　OLG Celle FamRZ 2014, 42. Das schweizerische Bundesgericht hat einen Vorsorgeausgleich bezüglich schweizerischer Rentenansprüche trotz einer in Frankreich zugesprochenen prestation compensatoire mit der Begründung zugelassen, die Höhe der schweizerischen Anrechte sei in dem französischen Verfahren nur vage geschätzt worden; BG, 1.6.2011, SZIER

Haben die Ehegatten im Rahmen des ausländischen Scheidungsverfahrens auf die Durchführung des Versorgungsausgleichs verzichtet, so ist zu prüfen, ob bei Anwendbarkeit deutschen Rechts die Formvorschriften des § 7 VersAusglG eingehalten worden sind. Die Einhaltung der Ortsform für Eheverträge genügt nicht, wenn die lex loci den Versorgungsausgleich nicht kennt[219]. **278**

2. Internationale Zuständigkeit

Die Regelung der internationalen Zuständigkeit für Ehesachen durch die Brüssel IIa-VO und das LugÜ erstreckt sich nicht auf den Versorgungsausgleich. Zwar ist der Versorgungsausgleich, anders als die güterrechtliche Auseinandersetzung, in den genannten Rechtsinstrumenten nicht ausdrücklich von ihrem Geltungsbereich ausgenommen. Das mag damit zusammenhängen, dass der Versorgungsausgleich den meisten europäischen Rechtsordnungen nach wie vor unbekannt ist. Es ist jedoch einhellige Meinung, dass der Versorgungsausgleich, sei es wegen seiner Nähe zum ehelichen Güterrecht, sei es wegen seiner Nähe zur sozialen Sicherheit, ebenso wie diese Materien nicht in den sachlichen Anwendungsbereich der Brüssel IIa-VO oder des LugÜ fällt[220]. Damit unterliegt die internationale Zuständigkeit den Vorschriften des nationalen Rechts. Findet der Versorgungsausgleich im Rahmen eines Scheidungsverfahrens statt, so erstreckt sich die Zuständigkeit des Gerichts für die Scheidungssache auch auf die Folgesache Versorgungsausgleich (§ 98 II i.V.m. § 137 II Ziff. 1 FamFG). Im Fall einer isolierten Durchführung des Versorgungsausgleichs ergibt sich die internationale Zuständigkeit aus § 102 FamFG[221]. Danach sind die deutschen Gerichte zuständig, (1) wenn der Antragsteller oder der Antragsgegner seinen gewöhnlichen Aufenthalt im Inland hat, (2) über inländische Anrechte zu entscheiden ist oder (3) ein deutsches Gericht die Ehe zwischen Antragsteller und Antragsgegner geschieden hat. **279**

2012, 295, m. Anm. *Bucher*. Zur Billigkeit s. auch OLG Hamm FamRZ 2014, 843; dazu *Rauscher*, IPRax 2015, 139.
219 Vgl. OLG Schleswig FamRZ 2012, 132.
220 *Thomas/Putzo/Hüßtege*, Art. 1 EuGVVO Rdnr. 11.
221 *Rauscher*, Art. 1 Brüssel IIa-VO Rdnr. 17 Fn. 60; OLG Brandenburg FamRZ 2017, 965.

3. Durchführung des Versorgungsausgleichs: Einzelfragen

a) Durchführung, wenn Ansprüche gegenüber einem ausländischen Versorgungsträger bestehen

280 Versorgungsansprüche, die gegenüber einem ausländischen Versorgungsträger bestehen, können im Inland nicht durch Richterspruch aufgeteilt werden, weil dies ein unzulässiger Eingriff in den Zuständigkeitsbereich eines anderen Staates wäre. Solche Anrechte sind darum „nicht ausgleichsreif" (§ 19 II Nr. 4 VersAusglG)[222]. Hier verbleibt der ausgleichsberechtigten Person nur ein Anspruch auf eine schuldrechtliche Ausgleichsrente, sobald die ausgleichspflichtige Person eine laufende Versorgung aus dem noch nicht ausgeglichenen Anrecht bezieht (§ 20 I, II Nr. 1 VersAusglG)[223]. Dies gilt jedenfalls für den Fall, dass die ausländischen Anrechte dem Ausgleichspflichtigen zustehen. Stehen die ausländischen Anrechte dem Ausgleichsberechtigten zu und verfügt der Ausgleichspflichtige nur über inländische Anrechte, so kann der Ausgleichsberechtigte nicht die Aufteilung der inländischen Anrechte verlangen, wenn er nicht bereit ist, sich seine eigenen – ausländischen – Anrechte bei der Aufteilung der inländischen Anrechte des Ausgleichspflichtigen in irgendeiner Weise anrechnen zu lassen. Ist er dazu nicht bereit, so kann er keinen Wertausgleich bezüglich der im Inland bestehenden Anrechte verlangen (§ 19 III VersAusglG), wenn dies für den anderen Ehegatten unbillig wäre[224]. Anders ist es lediglich dann, wenn die im Ausland erworbenen Anrechte nicht realisierbar sind. In diesem Fall findet nur eine Aufteilung der inländischen Anrechte statt[225]. Verfügt der Ehegatte mit den ausländischen Anrechten zugleich auch über inländische Anrechte, deren Wert höher ist als der Wert der dem anderen Ehegatten zustehenden (inländischen) Anrechte, so steht die Ausgleichssperre des § 19 III VersAusglG dem Wertausgleich der inländischen Anrechte nicht entgegen. Für den Ehegatten, dem nur inländische Anrechte zustehen, ist es von Vorteil, wenn er an den werthöheren inländischen Anrechten des anderen partizipiert und damit mehr erhält, als er von seinen eigenen Anrechten hergeben muss. Sein Anspruch auf die schuldrechtliche Ausgleichsrente bezüglich der ausländischen Anrechte des anderen Ehegatten bleibt von diesem partiellen Versor-

---

222 Ob solche Anrechte bestehen, hat das Familiengericht von Amts wegen zu ermitteln; vgl. OLG Stuttgart FamRZ 2015, 324.
223 BGH FamRZ 2008, 2263; OLG Karlsruhe FamRZ 2016, 1591.
224 Vgl. *Johannsen/Henrich/Holzwarth*, § 19 VersAusglG Rdnr. 28 ff.; zur Einbeziehung des ausländischen Anrechts im Rahmen der Billigkeitsprüfung nach § 19 III VersAusglG vgl. OLG Karlsruhe FamRZ 2015, 754; OLG Zweibrücken FamRZ 2015, 2063; OLG Bremen FamRZ 2016, 141.
225 BGH FamRZ 2003, 1737 = IPRax 2005, 447 (Kasachstan); dazu *Rauscher*, IPRax 2005, 41; OLG Zweibrücken FamRZ 2003, 1752 (Kasachstan, Russland).

gungsausgleich unberührt[226]. Daneben kommt auch noch ein Anspruch auf eine (zweckgebundene) Abfindung in Betracht, wenn sie dem Ausgleichspflichtigen zumutbar ist (§ 23 VersAusglG). Die Zumutbarkeitsschranke kann auch dahin wirken, dass dem Berechtigten nur eine teilweise Abfindung zugesprochen wird[227]. Durch eine solche Abfindung kann erreicht werden, dass beide Ehegatten durch die Begründung eigenständiger Anrechte voneinander unabhängig werden. Wegen der Zweckbindung ist allerdings die Abfindung nicht an den Ausgleichsberechtigten, sondern an den Versorgungsträger zu zahlen, bei dem ein bestehendes Anrecht ausgebaut oder ein neues Anrecht begründet werden soll (§ 23 I S. 2 VersAusglG). Das Familiengericht ist nach § 224 IV FamFG verpflichtet, in der Begründung seiner Entscheidung über den Versorgungsausgleich die noch nicht ausgleichsreifen Anrechte zu benennen[228].

b) Versorgungsausgleich bei Auslandsaufenthalt des ausgleichsberechtigten Ehegatten

Der Versorgungsausgleich ist bei Auslandsaufenthalt des ausgleichsberechtigten Ehegatten nicht aus Gründen des Sozialversicherungsrechts ausgeschlossen[229]; dabei ist es auch nach der Neuregelung des Auslandsrentenrechts durch das Rentenreformgesetzes 1992 und das Wachstums- und Beschäftigungsförderungsgesetz von 1996 geblieben[230]. Die gesetzlichen Regelungen über die Zahlung von Renten an im Ausland lebende Berechtigte ergeben sich jetzt aus den §§ 110 ff., 271 f., 317 ff. SGB VI. 281

Zu prüfen ist lediglich – wie schon früher (§ 1587b IV BGB) –, ob im konkreten Fall der Ausgleich des Anrechts für die ausgleichsberechtigte Person nicht unwirtschaftlich wäre. In diesem Fall fehlte dem Anrecht die Ausgleichsreife (§ 19 II Nr. 3 VersAusglG). Dieses Problem spielte früher insbesondere bei den in Polen lebenden Berechtigten eine Rolle, weil nach dem deutsch-polnischen Abkommen über Renten- und Unfallversicherungen v. 9.10.1975 in einem solchen Fall keine Leistungen an den Berechtigten erbracht wurden, solange er in Polen lebte. Hier pflegten die Gerichte früher einen schuldrechtlichen Versorgungsausgleich anzuordnen[231]. In- 282

---

226 KG FamRZ 2016, 982. Zur Einbeziehung polnischer Anwartschaften bei Inlandsaufenthalt des Ausgleichsberechtigten vgl. OLG Koblenz FamRZ 2017, 879.
227 BGH FamRZ 2016, 1576, m. Anm. *Borth*, S. 1638.
228 Zur Benennung eines noch nicht ausgleichsreifen Anrechts in den Entscheidungsgründen (§ 224 III FamFG) vgl. *Borth*, FamRZ 2016, 14, zu BGH FamRZ 2016, 56.
229 Vgl. schon zum früheren Recht BGH FamRZ 1982, 473, 474 = IPRax 1982, 244, 245; FamRZ 1983, 263, 264 = IPRax 1984, 212, 213.
230 *Johannsen/Henrich/Holzwarth*, § 43 VersAusglG Rdnr. 5.
231 OLG Karlsruhe FamRZ 1989, 399; OLG Hamm FamRZ 1994, 573; OLG Karlsruhe FamRZ 2000, 163. Zum deutsch-polnischen Abkommen v. 9.10.1975 s. auch OLG Koblenz FamRZ 2017, 879.

zwischen aber ist auch ein Leistungsexport nach Polen möglich, allerdings nur bezüglich solcher Anwartschaften, die nach dem 1.1.1991 erworben worden sind[232].

c) Härteklausel

283 Zur Anwendung der Härteklausel (§ 27 VersAusglG; früher § 1587c BGB) in Fällen mit Auslandsberührung s. etwa BGH FamRZ 1994, 825; 2007, 996; FamRZ 2014, 105; OLG Stuttgart FamRZ 2008, 1759.

4. Ausschluss des Versorgungsausgleichs

284 Für die Wirksamkeit eines vertraglichen Ausschlusses des Versorgungsausgleichs gilt das Scheidungsstatut (obgleich dieses bei Abschluss der Vereinbarung noch gar nicht feststeht!)[233]. Es sollte aber genügen, wenn die Vereinbarung nach dem Recht wirksam ist, das nach dem damaligen Recht für die Scheidung maßgeblich gewesen wäre[234].

---

232 Deutsch-polnisches Abkommen über die soziale Sicherheit v. 8.12.1990, BGBl. 1991 II S. 743; vgl. OLG Frankfurt FamRZ 2000, 163.
233 Vgl. AmtsG München IPRax 1984, 104 m. Anm. *E.J.*; AmtsG Gütersloh IPRax 1984, 214.
234 Vgl. *Bamberger/Roth/Heiderhoff*, Art. 17 EGBGB Rdnr. 102. Zur Formwirksamkeit eines im Ausland erklärten Verzichts vgl. OLG Schleswig FamRZ 2012, 132.

VI. Elterliche Sorge, Umgangsrecht

1. Internationale Zuständigkeit

Zur internationalen Zuständigkeit in Kindschaftssachen finden sich Regelungen im EU-Recht, in völkerrechtlichen Übereinkommen, insbesondere im Haager Kindesschutzübereinkommens (KSÜ) v. 19.10.1996 (für Deutschland in Kraft seit 1.1.2011), und schließlich auch im nationalen Recht. Vorrang hat grundsätzlich das EU-Recht, konkret: die Brüssel IIa-VO v. 27.11.2003, i.K. 1.3.2005. In deren Anwendungsbereich fallen „die Zuweisung, die Ausübung, die Übertragung sowie die vollständige oder teilweise Entziehung der elterlichen Verantwortung" (Art. 1 Ib Brüssel IIa-VO). Betroffen davon sind insbesondere das Sorgerecht und das Umgangsrecht (Art. 1 IIa Brüssel IIa-VO). Die Grundregel lautet: Für Entscheidungen, die die elterliche Verantwortung betreffen, sind die Gerichte des Mitgliedstaates zuständig, in dem das Kind zum Zeitpunkt der Antragstellung seinen gewöhnlichen Aufenthalt hat (Art. 8 I Brüssel IIa-VO).

285

Hat das Kind seinen gewöhnlichen Aufenthalt in Deutschland, ergibt sich damit die Zuständigkeit der deutschen Gerichte regelmäßig aus Art. 8 I Brüssel IIa-VO.

286

Von diesem Grundsatz ergab sich bis vor Kurzem eine wichtige Ausnahme: Nach dem Haager Minderjährigenschutzabkommen vom 5.10.1961 (MSA) waren zwar ebenfalls die Gerichte des Staates, in dem der Minderjährige seinen gewöhnlichen Aufenthalt hatte, dafür zuständig, Maßnahmen zum Schutz der Person und des Vermögens des Minderjährigen zu treffen. Art. 4 MSA sprach aber den Behörden des Staates, dem der Minderjährige angehörte, das Recht zu, in bestimmten Fällen Schutzmaßnahmen für den Minderjährigen zu treffen. Außerdem waren gemäß Art. 3 MSA nach dem Heimatrecht bestehende Gewaltverhältnisse anzuerkennen. Art. 5 MSA regelte den Fortbestand von Maßnahmen der Behörden des früheren gewöhnlichen Aufenthalts nach einem Aufenthaltswechsel. Art. 11 MSA ordnete Anzeigepflichten gegenüber dem Heimatstaat des Minderjährigen an. Die Brüssel IIa-VO respektierte diese Übereinkommen, indem sie ihren eigenen Anwendungsbereich auf das Verhältnis zwischen den Mitgliedstaaten der EU beschränkte (Art. 60 lit. a Brüssel IIa-VO). Das MSA sollte darum weiterhin gelten im Verhältnis zu Vertragsstaaten, die nicht Mitgliedstaaten der EU waren. Das waren zuletzt noch die Schweiz

287

und die Türkei. Nachdem inzwischen aber auch diese Staaten das KSÜ in Kraft gesetzt haben, welches das MSA verdrängte[235], gelten dessen Regeln allenfalls noch im Verhältnis zu der chinesischen Verwaltungsregion Macau[236].

Im Verhältnis zum KSÜ hat die Brüssel IIa-VO den Vorrang, wenn das Kind seinen gewöhnlichen Aufenthalt im Hoheitsgebiet eines Mitgliedstaats hat, in Deutschland also dann, wenn es in Deutschland lebt (Art. 61 Brüssel IIa-VO). Das KSÜ ist für die Bestimmung der internationalen Zuständigkeit darum nur dann von Bedeutung, wenn das Kind seinen gewöhnlichen Aufenthalt in einem Vertragsstaat des KSÜ hat, der nicht Mitgliedstaat der EU ist, z.B. in der Schweiz, der Türkei, in der Ukraine oder in Australien (s.u. Rdnr. 296), aber auch in Dänemark (vgl. Art. 2 Nr. 3 Brüssel IIa-VO).

288 Problematisch sind nach dem Gesagten die Fälle, in denen das Kind zum Zeitpunkt der Antragstellung seinen gewöhnlichen Aufenthalt nicht in Deutschland hat (oder in denen es zu einem späteren Zeitpunkt einen neuen gewöhnlichen Aufenthalt im Ausland erwirbt). Hier gelten unterschiedliche Regeln, je nachdem, ob das Kind seinen gewöhnlichen Aufenthalt in einem Mitgliedstaat der EU, in einem Vertragsstaat des Haager KSÜ oder in einem Drittstaat hat bzw. erwirbt.

289 **Brüssel IIa-VO.** Hat das Kind seinen gewöhnlichen Aufenthalt in einem Mitgliedstaat der EU (mit Ausnahme Dänemarks), so sind die Gerichte dieses Staates in allen Angelegenheiten, die die elterliche Verantwortung betreffen (insbesondere also für die Regelung der elterlichen Sorge und des Umgangsrechts, aber auch z.B. für die Ersetzung einer elterlichen Zustimmung) nach der Brüssel IIa-VO international zuständig. In bestimmten Fällen besteht eine Zuständigkeit der deutschen Gerichte aber auch dann, wenn das Kind seinen gewöhnlichen Aufenthalt nicht oder nicht mehr in Deutschland hat.[237]

290 Der **gewöhnliche Aufenthalt** setzt keine Mindestdauer voraus. Maßgebend ist bei einem Aufenthaltswechsel der Wille des Betroffenen, in dem neuen Aufenthaltsstaat den ständigen oder gewöhnlichen Mittelpunkt seiner Interessen zu begründen. Bei Kindern kann dabei deren Alter von Bedeutung sein. Im Fall eines schulpflichtigen Kindes sind andere Faktoren zu berücksichtigen als im Fall eines nicht mehr die Schule besuchenden Minderjährigen oder im Fall eines Kleinkindes, das zwangsläufig das sozi-

---

235 Die Türkei mit Wirkung zum 1.2.2017.
236 BGBl 2003 II, 789, 797.
237 EuGH FamRZ 2015, 2117.

Internationale Zuständigkeit 111

ale und familiäre Umfeld der Personen oder der Person teilt, die sich um es kümmern[238].

Hat das Kind seinen gewöhnlichen Aufenthalt nicht oder nicht mehr in Deutschland, so sind drei Fallgruppen zu unterscheiden (Art. 8 II Brüssel IIa-VO): **291**

(1) Bei einem rechtmäßigen Umzug des Kindes in einen anderen Mitgliedstaat[239] verbleibt die Zuständigkeit für eine Änderung einer vor dem Umzug ergangenen Entscheidung über das **Umgangsrecht** während einer Dauer von drei Monaten[240] bei den Gerichten des früheren gewöhnlichen Aufenthalts, wenn sich der umgangsberechtigte Elternteil weiterhin gewöhnlich in dem Mitgliedstaat des früheren gewöhnlichen Aufenthalts des Kindes aufhält (Art. 9 I Brüssel IIa-VO), es sei denn, dass dieser Elternteil die Zuständigkeit der Gerichte des Mitgliedstaates des neuen gewöhnlichen Aufenthalt des Kindes dadurch anerkennt, dass er sich an Verfahren vor diesen Gerichten beteiligt, ohne ihre Zuständigkeit anzufechten (Art. 9 II Brüssel IIa-VO).

Beispiel: **292**

Ein deutsch-italienisches Ehepaar lebt in Deutschland. Im Verlauf des Scheidungsverfahrens kehrt die Ehefrau mit dem Kind (und mit Zustimmung des Ehemannes) in ihre italienische Heimat zurück. Das erstinstanzliche Gericht hatte u.a. eine Umgangsregelung getroffen. In der Beschwerdeinstanz verlangt die Frau eine Änderung der Entscheidung zum Unterhalt und der Mann eine Änderung der Umgangsregelung. Über den Antrag des Mannes kann das deutsche Gericht nur entscheiden, wenn der Umzug des Kindes nach Italien nicht bereits mehr als drei Monate zurückliegt. Sollte die Frau innerhalb der Drei-Monats-Frist in Italien eine Änderung der Umgangsregelung verlangen, so könnte der Mann die Zuständigkeit des italienischen Gerichts rügen, kann die Zuständigkeit aber auch anerkennen.

(2) Von größerer Bedeutung ist Art. 10 Brüssel IIa-VO. Wird das Kind während oder außerhalb eines Scheidungsverfahrens aus Deutschland „**entführt**", d.h. widerrechtlich in einen anderen Staat verbracht oder dort zurückgehalten, so bleiben die deutschen Gerichte so lange zuständig, bis das Kind einen gewöhnlichen Aufenthalt in einem anderen **Mitgliedstaat** **293**

---

238 EuGH FamRZ 2011, 617, 619 (Mercredi ./. Chaffe); EuGH FamRZ 2017, 734 (W und V./.X); OLG Hamm FamRZ 2012, 143; OLG Stuttgart FamRZ 2012, 1503; FamRZ 2013, 49; OLG Karlsruhe FamRZ 2016, 248. S. auch die ausführliche Umschreibung des Begriffs „gewöhnlicher Aufenthalt" in EuGH FamRZ 2009, 843 (Re A), und dazu *Pirrung*, Gewöhnlicher Aufenthalt des Kindes bei internationalem Wanderleben und Voraussetzungen für die Zulässigkeit einstweiliger Maßnahmen in Sorgerechtssachen nach der EuEheVO, IPRax 2011, 50.

239 „Mitgliedstaat" ist jeder Mitgliedstaat der EU mit Ausnahme Dänemarks, Art. 2 Nr. 3 Brüssel IIa-VO.

240 Werden die Gerichte des ursprünglichen Aufenthaltsstaates innerhalb der Drei-Monats-Frist angerufen, so bleiben sie auch nach Ablauf der Frist weiterhin zuständig (perpetuatio fori). Die Entscheidung kann also auch nach Ablauf der Frist ergehen; OLG München FamRZ 2011, 1887.

erlangt hat und zusätzlich entweder jede sorgeberechtigte Person, Behörde oder sonstige Stelle dem Verbringen oder Zurückhalten zugestimmt hat oder ein Jahr lang untätig geblieben ist, keinen Antrag auf Rückführung gestellt oder einen gestellten Antrag zurückgenommen hat oder das deutsche Gericht eine Sorgerechtsregelung getroffen hat, ohne die Rückführung anzuordnen. Dasselbe gilt naturgemäß, wenn das Kind aus einem Mitgliedstaat der EU nach Deutschland entführt worden ist. Solange die Zuständigkeit der Gerichte des Mitgliedstaates, aus dem das Kind entführt worden ist, andauert, dürfen in Deutschland nur die nach Art. 20 Brüssel IIa-VO vorgesehenen dringlichen einstweiligen Maßnahmen getroffen werden. Durch diese Regelung soll verhindert werden, dass sich die Gerichte am neuen gewöhnlichen Aufenthalt des Kindes unter Berufung auf Art. 8 Brüssel IIa-VO für zuständig erklären und eine Sorgerechtsregelung zugunsten des Entführers treffen[241].

294 (3) Insbesondere dann, wenn nur ein Ehegatte seinen gewöhnlichen Aufenthalt in Deutschland hat und hier ein Scheidungsverfahren anhängig ist, kann es häufig sein, dass ein Kind der Ehegatten bei dem anderen Elternteil im Ausland lebt. Hier kann es sich als sinnvoll erweisen, im Rahmen des Scheidungsverfahrens auch über Fragen der elterlichen Sorge oder des Umgangs zu entscheiden. Eine solche Möglichkeit eröffnet Art. 12 Brüssel IIa-VO, wenn zumindest einer der Ehegatten die elterliche Verantwortung für das Kind hat und die **Zuständigkeit** des inländischen Gerichts von den Ehegatten zum Zeitpunkt der Anrufung des Gerichts[242] ausdrücklich oder auf andere eindeutige Weise **anerkannt** wurde[243] und im Einklang mit dem Wohl des Kindes steht[244]. Das gilt nicht nur dann, wenn der Staat, in dem das Kind seinen gewöhnlichen Aufenthalt hat, ein Mitgliedstaat der EU (oder ein Vertragsstaat des Haager Kinderschutzübereinkommens) ist, sondern auch bei gewöhnlichem Aufenthalt des Kindes in einem Drittstaat. Hier ist allerdings Zurückhaltung geboten, weil die Anerkennung der deutschen Entscheidung im Aufenthaltsstaat des Kindes häufig unsicher sein wird und darum fraglich ist, ob die Entscheidung im

---

241 Vgl. dazu EuGH FamRZ 2015, 107.
242 Eine vor Anrufung des Gerichts erfolgte Einigung der Ehegatten muss im Zeitpunkt der Anrufung des Gerichts noch bestehen, kann aber auch noch nach Anrufung des Gerichts erklärt werden; vgl. *Solomon*, „Brüssel IIa" – Die neuen europäischen Regeln zum internationalen Verfahrensrecht in Fragen der elterlichen Verantwortung, FamRZ 2004, 1409, 1413; *Rauscher*, Art. 12 Brüssel IIa-VO Rdnr. 24; *Thomas/Putzo/Hüßtege*, EuEheVO Art. 12 Rdnr. 3a.
243 Eine rügelose Einlassung genügt nicht; vgl. *Gruber*, Die neue EheVO und die deutschen Ausführungsgesetze, IPRax 2005, 293, 298. S. auch EuGH FamRZ 2015, 205.
244 Fehlender Einklang mit dem Wohl des Kindes kann z.B. gegeben sein bei weiter Anreise oder Verständigung nur mit Hilfe eines Dolmetschers; vgl. *Rauscher*, aaO, Rdnr. 26; *Hüßtege*, aaO, Rdnr. 6.

Einklang mit dem Wohl des Kindes steht. Letzteres wird aber jedenfalls dann anzunehmen sein, wenn sich ein Verfahren in dem Drittstaat als unmöglich erweist (Art. 12 IV Brüssel IIa-VO).

Hat das Kind seinen gewöhnlichen Aufenthalt in einem Mitgliedstaat der EU, so hat das deutsche Gericht aber noch eine andere Möglichkeit: Es kann, wenn es der Auffassung ist, dass ein Gericht im Aufenthaltsstaat des Kindes, zu dem das Kind auch eine besondere Bindung hat, den Fall oder einen bestimmten Teil des Falles besser beurteilen kann, seine Prüfung aussetzen und die Parteien einladen, beim Gericht dieses anderen Mitgliedstaates – als dem **forum conveniens** – einen entsprechenden Antrag zu stellen, oder auch selbst ein Gericht des anderen Mitgliedstaates ersuchen, sich für zuständig zu erklären, bedarf im letzteren Fall dazu allerdings der Zustimmung mindestens einer der Parteien (Art. 15 I, II Brüssel IIa-VO)[245]. Eine solche **Verweisung** sollte freilich nur in Ausnahmefällen und nur dann geschehen, wenn dies dem Wohl des Kindes entspricht[246]. Die in Art. 15 I Brüssel IIa-VO vorausgesetzte „besondere Beziehung" des Kindes zu dem Mitgliedstaat wird angenommen, wenn nach Anrufung des Gerichts (also insbesondere nach Einleitung des Scheidungsverfahrens) das Kind seinen gewöhnlichen Aufenthalt in diesem Mitgliedstaat erworben hat (und das Scheidungsgericht seine zunächst fortdauernde Zuständigkeit verloren hat) oder das Kind schon von Anfang an dort seinen gewöhnlichen Aufenthalt hatte oder die Staatsangehörigkeit dieses Mitgliedstaates hat oder ein Elternteil Angehöriger dieses Staates ist oder, wenn es um die Vermögenssorge geht, sich Vermögen des Kindes in diesem Mitgliedstaat befindet (Art. 15 III Brüssel IIa VO).

295

KSÜ. Hat das Kind seinen gewöhnlichen Aufenthalt nicht in einem Mitgliedstaat der EU, wohl aber in einem Vertragsstaat des KSÜ und sind damit grundsätzlich nur[247] die Gerichte dieses Staates in Angelegenheiten der elterlichen Verantwortung international zuständig, so gelten für ein ausnahmsweise mögliches Tätigwerden der deutschen Gerichte im Wesentlichen dieselben Regeln wie nach der Brüssel IIa-VO. Der Europäische Gesetzgeber hat sich bei der Formulierung der Brüssel IIa-VO weitgehend an dem – schon vorher verabschiedeten – KSÜ orientiert. So kann das für die Ehescheidung zuständige Gericht auch hier Maßnahmen zum Schutz der Person oder des Vermögens des in einem **anderen Vertragsstaat des KSÜ** lebenden Kindes treffen, wenn ein Elternteil zu Beginn des Verfahrens seinen gewöhnlichen Aufenthalt im Gerichtsstaat hat und zugleich er selbst

296

---

245 Zur Form des Übernahmeersuchens und der Zuständigkeitserklärung s. Österr. OGH FamRZ 2016, 543 m. Anm. *Mankowski*.
246 EuGH FamRZ 2016, 2071, m. Anm. *Gössl*. Zum Ausnahmecharakter des Art. 15 Brüssel IIa-VO s. auch KG FamRZ 2006, 1618.
247 OLG Karlsruhe FamRZ 2016, 248.

oder der andere Elternteil die elterliche Verantwortung für das Kind hat, beide Eltern die Zuständigkeit des Scheidungsgerichts für das Ergreifen solcher Maßnahmen anerkannt haben und diese Zuständigkeit dem Wohl des Kindes entspricht (Art. 10 KSÜ; vgl. Art. 12 Brüssel IIa-VO)[248]. Ebenso kann das Scheidungsgericht die zuständigen Behörden im Aufenthaltsstaat des Kindes **ersuchen**, ihm zu gestatten, die **Zuständigkeit auszuüben**, um die von ihm für erforderlich gehaltenen Schutzmaßnahmen zu treffen, oder die Eltern einladen, bei der Behörde im Aufenthaltsstaat des Kindes einen solchen Antrag zu stellen (Art. 9 KSÜ; vgl. Art. 15 Brüssel IIa-VO)[249]. Dagegen ist eine **perpetuatio fori** bei rechtmäßigem Umzug des Kindes in einen anderen Vertragsstaat (anders als nach Art. 9 Brüssel IIa-VO) nicht vorgesehen. Vielmehr werden mit dem Wechsel des gewöhnlichen Aufenthalts des Kindes in einen anderen Vertragsstaat sogleich dessen Behörden zuständig (Art. 5 II KSÜ)[250]. Lediglich in den Fällen einer **Kindesentführung** gleicht die Regelung des KSÜ derjenigen der Brüssel IIa-VO (Art. 7 KSÜ, Art. 10 Brüssel IIa-VO).

297 Zwei Fälle der internationalen Zuständigkeit hat das KSÜ aus dem Haager Minderjährigenschutzabkommen – wenn auch in geänderter Form – übernommen: In allen **dringenden Fällen** sind die Behörden jedes Vertragsstaats, in dessen Hoheitsgebiet sich das Kind oder ihm gehörendes Vermögen befindet, zuständig, die erforderlichen Schutzmaßnahmen zu treffen (Art. 11 I KSÜ; vgl. dazu Art. 8 und 9 MSA: Maßnahmen bei Gefährdung des Minderjährigen und dringliche Maßnahmen) und: Vorbehaltlich des Art. 7 (Kindesentführung) sind die Behörden eines Vertragsstaats, in dessen Hoheitsgebiet sich das Kind oder ihm gehörendes Vermögen befindet, zuständig, **vorläufige** und auf das Hoheitsgebiet dieses Staates beschränkte **Maßnahmen** zum Schutz der Person oder des Vermögens des Kindes zu treffen, soweit solche Maßnahmen nicht mit den Maßnahmen unvereinbar sind, welche die ansonsten (nach den Art. 5–10 KSÜ) zuständigen Behörden bereits getroffen haben (Art. 12 I KSÜ; vgl. dazu Art. 9 MSA: Eilzuständigkeit).

298 Maßnahmen, die nach Art. 11 KSÜ, also in dringenden Fällen, getroffen worden sind, treten außer Kraft, sobald die eigentlich zuständigen Behörden die durch die Umstände gebotenen Maßnahmen getroffen haben (Art. 12 II KSÜ). Dasselbe gilt für vorläufige Maßnahmen (Art. 12 II KSÜ).

---

248 Vgl. KG FamRZ 2015, 1214.
249 Anders als nach Art. 15 II S. 2 Brüssel IIa-VO bedarf das Gericht bei einer Verweisung von Amts wegen hier nicht der Zustimmung einer der Parteien.
250 KG FamRZ 2015, 1214.

Falls das Ehescheidungsverfahren nicht in dem Staat stattfindet, in dem **299**
das Kind seinen gewöhnlichen Aufenthalt hat, aber das Scheidungsgericht
nach Art. 10 I KSÜ zuständig ist, Maßnahmen zum Schutz der Person
oder des Vermögens des Kindes zu treffen, kann es geschehen, dass die Behörden am gewöhnlichen Aufenthalt des Kindes dringliche Maßnahmen
treffen, z.b. die Inobhutnahme eines gefährdeten Kindes. In einem solchen
Fall ist das Scheidungsgericht als das nach Art. 10 I KSÜ während der
Dauer des Verfahrens zuständige Gericht nicht gehindert, eine andere Regelung zu treffen.

Mit dem Vorbehalt des Art. 7 KSÜ in Art. 12 KSÜ soll verhindert wer- **300**
den, dass die Behörden des Staates, in den das Kind entführt worden ist
oder in dem es widerrechtlich zurückgehalten wird, Maßnahmen treffen,
die die Fortdauer der internationalen Zuständigkeit der Gerichte des Staates, aus dem das Kind entführt worden ist, tangieren. In Art. 11 KSÜ fehlt
ein entsprechender Vorbehalt. Dringliche Maßnahmen (z.B. die Zustimmung zu einem chirurgischen Eingriff) sollen also auch am derzeitigen
Aufenthaltsort des Kindes möglich sein[251].

Die Zahl der Fälle, in denen deutsche Gerichte ihre internationale Zu- **301**
ständigkeit aus dem KSÜ herleiten müssen, ist derzeit noch beschränkt, da
die große Mehrheit der Vertragsstaaten des KSÜ zugleich Mitgliedstaaten
der EU sind. Anwendbar ist das KSÜ aber zum Beispiel bei Kindern mit
gewöhnlichem Aufenthalt in Dänemark, der Schweiz, der Türkei, in Norwegen, Serbien, in Marokko, der Russischen Föderation, der Ukraine oder
in Australien. Mit weiteren Ratifizierungen, insbesondere auch außerhalb
Europas, ist aber zu rechnen.

MSA. Nach Art. 51 KSÜ ersetzt dieses Übereinkommen im Verhältnis **302**
zwischen den Vertragsstaaten das Haager Minderjährigenschutzübereinkommen v. 5.10.1961 (MSA). Da inzwischen alle Vertragsstaaten des
MSA das KSÜ in Kraft gesetzt haben, ist das MSA nur noch relevant für
Kinder, die ihren gewöhnlichen Aufenthalt in der chinesische Sonderverwaltungsregion Macau haben (Art. 13 MSA).

FamFG. Ergibt sich die internationale Zuständigkeit der deutschen **303**
Gerichte weder aus der Brüssel IIa-VO noch aus dem KSÜ oder dem
MSA, so ist an letzter Stelle auf die Vorschriften des nationalen Rechts zurückzugreifen. Auf diese Vorschriften kommt es dann an, wenn das Kind
seinen gewöhnlichen Aufenthalt weder in der Bundesrepublik noch in einem anderen Mitgliedstaat der EU oder in einem Vertragsstaat des KSÜ

---

251 *Schulz*, Inkrafttreten des Haager Kinderschutzübereinkommens v. 19.10.1996 für Deutschland am 1.1.2011, FamRZ 2011, 156, 157.

hat, sondern – z.b. – in Mazedonien oder Bosnien-Herzegowina oder in den USA lebt[252].

304 Nach den Vorschriften des nationalen Rechts sind die deutschen Gerichte in drei Fällen für Schutzmaßnahmen[253] zuständig: zum einen dann, wenn das Kind Deutscher ist (§ 99 I S. 1 Nr. 1 FamFG – § 99 I S. 1 Nr. 2 FamFG wird durch die Brüssel IIa-VO verdrängt), zum anderen in den Fällen der Verbundszuständigkeit, wenn also ein deutsches Gerichte für die Ehescheidung zuständig ist (§ 98 II FamFG), und zum dritten, wenn das Kind der Fürsorge durch ein deutsches Gericht bedarf (§ 99 I S. 2 FamFG). Die Fürsorgezuständigkeit ist insbesondere in Eilfällen bedeutsam, z.b. wenn das Kind von seinem gewöhnlichem Aufenthalt in einem Nichtvertragsstaat des KSÜ in die Bundesrepublik entführt worden ist (in diesem Fall findet Art. 7 KSÜ keine Anwendung), nunmehr die Rückführung beantragt wird und das Kindesentführungsübereinkommen nicht eingreift (weil das Kind nicht aus einem Vertragsstaat dieses Übereinkommens entführt worden ist, Art. 4 HKiEntÜ).

2. Anwendbares Recht

305 Im Scheidungsverfahren stellen sich zur elterlichen Sorge und zum Umgangsrecht zwei Fragen zum anwendbaren Recht: Wem steht die elterliche Sorge oder ein Umgangsrecht zu und welches Recht gilt für eventuell zu treffende oder beantragte Schutzmaßnahmen zum Schutz der Person oder des Vermögens eines Kindes? Auf beide Fragen gibt das am 1.1.2011 in Kraft getretene Haager Kinderschutzübereinkommen (KSÜ) v. 19.10.1996 Antwort (soweit nicht das deutsch-iranische Niederlassungsabkommen v. 17.2.1929 Vorrang beansprucht, s.u. Rdnr. 306). Das KSÜ ist an die Stelle des Haager Minderjährigenschutzabkommens (MSA) getreten. Wie nach diesem gilt auch nach dem KSÜ der Grundsatz: „Bei der Ausübung ihrer Zuständigkeit ... wenden die Behörden der Vertragsstaaten ihr eigenes Recht an" (Art. 15 I KSÜ)[254]. Anders als das MSA beschränkt sich das KSÜ aber nicht auf die Bestimmung des auf **Schutzmaßnahmen** anwendbaren Rechts, sondern regelt auch die Zuweisung und das Erlöschen der elterlichen Verantwortung **kraft Gesetzes** ohne Einschreiten eines Gerichts oder einer Verwaltungsbehörde. Hierfür gilt gem. Art. 16 I KSÜ grundsätzlich das Recht am gewöhnlichen Aufenthalt des Kindes. Wichtig ist, dass die elterliche Verantwortung, die nach dem Recht des gewöhnlichen Aufenthalt des Kindes besteht, nach einem Wechsel des ge-

---

252 OLG Bremen FamRZ 2016, 1189, m. Anm. *Eicher.*
253 Zur Zuständigkeit für Vollstreckungsmaßnahmen (Zwangsgeld) vgl. BGH FamRZ 2015, 2147, m. Anm. *Giers.*
254 S. dazu AmtsG Otterndorf FamRZ 2012, 1140.

wöhnlichen Aufenthalts fortbesteht, also nicht etwa erlischt, wenn nach dem neuen Aufenthaltsrecht ein Elternteil (etwa der Vater) nicht sorgeberechtigt sein sollte (Art. 16 III KSÜ)[255]. Art. 21 EGBGB, wonach ebenfalls für das Rechtsverhältnis zwischen einem Kind und seinen Eltern das Recht am gewöhnlichen Aufenthalt des Kindes gilt (aber kein Fortbestehen der elterlichen Sorge garantiert wird), hat damit weitgehend seine Bedeutung eingebüßt. Fragen nach der Anwendbarkeit des Art. 15 KSÜ stellen sich allerdings, wenn sich die Zuständigkeit der deutschen Gerichte nicht oder nicht vorrangig aus dem KSÜ ergibt, da in Art. 15 KSÜ nur der Fall geregelt ist, dass die Behörden „bei der Ausübung ihrer Zuständigkeit" tätig werden. Hier ist zu unterscheiden: Wird die Zuständigkeit vorrangig durch die Brüssel IIa-VO bestimmt (s.o. Rdnr. 289 ff.), ist sie aber auch nach dem KSÜ gegeben, so sind die Art. 15 ff. KSÜ anzuwenden, da sich die Brüssel IIa-VO insoweit einer Regelung enthält[256]. Ist eine Zuständigkeit nur nach der Brüssel IIa-VO gegeben, nicht aber nach dem KSÜ (z.B. im Fall der perpetuatio fori bei rechtmäßigem Wechsel des Aufenthalts des Kindes in einen anderen Vertragsstaat, s.o. Rdnr. 296), so sind die Art. 15 ff. KSÜ nicht anwendbar. Hier bleibt nur der Rückgriff auf Art. 21 EGBGB. Ergibt sich die internationale Zuständigkeit allein aus dem FamFG (bei gewöhnlichem Aufenthalt des Kindes in einem Drittstaat, s.o. Rdnr. 303), so richtet sich auch das anwendbare Recht nach der nationalen Kollisionsnorm (Art. 21 EGBGB).

Das bisher Gesagte gilt nicht, wenn die Eltern und das Kind iranische **306** Staatsangehörige sind[257]. Hier hat das **Deutsch-iranische Niederlassungsabkommen** v. 17.2.1929 Vorrang. Nach Art. 8 III dieses Abkommens gilt das iranische Recht, von dem nur dann abgewichen werden kann, wenn seine Anwendung zu einem Ergebnis führen würde, das mit wesentlichen Grundsätzen des deutschen Rechts, insbesondere mit den Grundrechten unvereinbar wäre (Art. 6 EGBGB: Verstoß gegen den ordre public)[258].

3. Anerkennung, Vollstreckung und Abänderung

Trifft das Gericht im Rahmen des Scheidungsverfahrens eine Regelung **307** zur elterlichen Sorge oder zum Umgangsrecht, so stellt sich die Frage, ob mit der Anerkennung dieser Entscheidung im Ausland gerechnet werden

---

255 Vgl. dazu auch OLG Karlsruhe FamRZ 2011, 1963 m. Anm. *Henrich*; OLG Frankfurt FamRZ 2015, 1633.
256 Str.; vgl. zum Stand der Meinungen *Andrae*, IPRax 2006, 87.
257 Ist ein Elternteil, z.B. die Ehefrau des iranischen Vaters, (auch) Deutsche, so ist das Abkommen in allen Fragen der elterlichen Sorge nicht anwendbar (BGH IPRax 1986, 382). Dasselbe gilt, wenn das Kind iranischer Eheleute aufgrund seiner Geburt in Deutschland gem. § 4 III StAG die deutsche Staatsangehörigkeit erworben hat.
258 BGH FamRZ 1993, 316.

kann. Umgekehrt hat das deutsche Gericht zu prüfen, ob seiner Entscheidung eine frühere Entscheidung eines ausländischen Gerichts entgegensteht oder eine ausländische Entscheidung abgeändert werden kann. Auch hierbei kommt es darauf an, wo die deutsche Entscheidung anerkannt (und vollstreckt) werden soll oder wo die im Inland anzuerkennende (und zu vollstreckende) oder abzuändernde Entscheidung erlassen wurde.

a) Mitgliedstaaten der EU

308 Geht es um die Anerkennung der Entscheidung in (oder aus) einem Mitgliedstaat der EU (mit Ausnahme Dänemarks, vgl. Art. 2 Nr. 3 Brüssel IIa-VO), ist die Anerkennung durch Art. 21 I Brüssel IIa-VO grundsätzlich gewährleistet: Die Entscheidung ist anzuerkennen, ohne dass es hierfür eines besonderen Verfahrens bedarf. Nur in ganz bestimmten Ausnahmefällen kann die Anerkennung verweigert werden. Wichtig ist: Die internationale Zuständigkeit der Gerichte eines Mitgliedstaats darf nicht in Frage gestellt werden (Art. 24 S. 1 Brüssel IIa-VO). Es kann also z.B. nicht geltend gemacht werden, das Kind habe seinen gewöhnlichen Aufenthalt nicht in dem Staat des entscheidenden Gerichts gehabt (Art. 24 S. 2 Brüssel IIa-VO).

309 Die Gründe, aus denen die Anerkennung einer Entscheidung über die elterliche Verantwortung zu verweigern ist, sind in Art. 23 Brüssel IIa-VO abschließend aufgezählt. Es sind dies – neben der allgemeinen ordre public-Klausel[259] – im Wesentlichen Verstöße gegen den verfahrensrechtlichen ordre public (Verletzung des rechtlichen Gehörs!) sowie die Kollision mit anderen Entscheidungen. So ist eine Entscheidung z.B. nicht anzuerkennen, wenn in dem Verfahren das Recht des Kindes auf Gehör verletzt und dadurch ein wesentlicher verfahrensrechtlicher Grundsatz des Anerkennungsstaates verletzt wurde (vgl. §§ 158, 159 FamFG)[260], es sei denn, die Entscheidung ist in einem dringenden Fall ergangen (Art. 23 Buchstabe b Brüssel IIa-VO). Das Gleiche gilt, wenn einem Beteiligten (sachlich vom Verfahren Betroffenen), der sich auf das Verfahren nicht eingelassen hat, das verfahrenseinleitende Schriftstück nicht so rechtzeitig und in einer Weise zugestellt wurde, dass er sich verteidigen konnte (Art. 23 Buchstabe c Brüssel IIa-VO), oder wenn ein Träger der elterlichen Verantwortung eine Verletzung des rechtlichen Gehörs geltend macht (Art. 23d Brüssel IIa-VO). Schließlich ist die Anerkennung zu verweigern, wenn sie mit einer späteren Entscheidung im Anerkennungsstaat oder einem anderen Mitgliedstaat oder einem Drittstaat, in dem das Kind seinen gewöhnlichen Aufenthalt hat, unvereinbar ist, vorausgesetzt, die spätere Entscheidung er-

---

259 EuGH FamRZ 2016, 111.
260 OLG München FamRZ 2015, 602.

füllt die notwendigen Voraussetzungen für ihre Anerkennung (Art. 23e und f Brüssel IIa-VO)[261]. Dass auf die Kollision mit einer **späteren** Entscheidung abgestellt wird, hat seinen Grund darin, dass diese im Zweifel eine Änderung der Verhältnisse berücksichtigt und damit dem Wohl des Kindes im Zweifel besser Rechnung trägt als die frühere Entscheidung, um deren Anerkennung es geht.

Art. 26 Brüssel IIa-VO schließt eine Nachprüfung in der Sache selbst aus. Die Anerkennung kann also nicht mit der Begründung verweigert werden, das ausländische Gericht habe dem Wohl des Kindes nicht richtig Rechnung getragen. Hält das inländische Gericht eine andere Entscheidung für geboten, steht ihm die Möglichkeit einer Abänderung (bei Anwendbarkeit deutschen Rechts unter den Voraussetzungen des § 1696 BGB) offen. 310

Problematisch ist die Anerkennung einstweiliger Maßnahmen einschließlich Schutzmaßnahmen, wenn sie von einem nach der Brüssel IIa-VO nicht zuständigen Gericht getroffen worden sind. Welche Gerichte für Entscheidungen zuständig sind, die die elterliche Verantwortung betreffen, ergibt sich im Geltungsbereich der Brüssel IIa-VO aus deren Artikeln 8-15. Nur die Entscheidungen zuständiger Gerichte unterliegen der Anerkennungspflicht gemäß den Artikeln 21-27 Brüssel IIa-VO[262]. Für Maßnahmen in dringenden Fällen enthält jedoch Art. 20 Brüssel IIa-VO eine Sonderregelung: Die Gerichte eines Mitgliedstaates können in dringenden Fällen die nach dem Recht dieses Mitgliedstaates vorgesehenen einstweiligen Maßnahmen einschließlich Schutzmaßnahmen in Bezug auf in diesem Staat befindliche Personen oder Vermögensgegenstände auch dann anordnen, wenn für die Entscheidung in der Hauptsache gemäß dieser Verordnung, also nach den Artikeln 8–15 Brüssel IIa-VO, ein Gericht eines anderen Mitgliedstaates zuständig ist. Wenn sich also z.B. ein Kind, das seinen gewöhnlichen Aufenthalt in Frankreich hat, vorübergehend in Deutschland aufhält und in einer besonderen Situation eine Schutzmaßnahme getroffen werden muss, etwa weil ein Elternteil, dem die elterliche Sorge wegen schwerer Verfehlungen entzogen worden ist, versucht, Verbindung zu dem Kind aufzunehmen, kann das deutsche Gericht gemäß § 1666 BGB ein Kontaktverbot aussprechen, obgleich für solche Entscheidungen grundsätzlich die französischen Gerichte zuständig wären. 311

Solche Schutzmaßnahmen haben allerdings nur vorläufigen Charakter und nur territoriale Wirkung[263]. Sie treten außer Kraft, sobald das für die Hauptsache (im Beispielsfall also das Kontaktverbot) zuständige Gericht eine entsprechende Maßnahme getroffen hat.

---
261 OLG München aaO.
262 EuGH FamRZ 2010, 1521 (Purrucker I).
263 OLG München FamRZ 2015, 777.

312 Streiten die Eltern darüber, wo das Kind seinen gewöhnlichen Aufenthalt hat oder ob sich das Kind im Zeitpunkt der Entscheidung noch im Gerichtsstaat aufgehalten hat, so kann dies Konsequenzen für die Anerkennung der Maßnahme haben. Legt das Gericht seiner Entscheidung die Annahme zugrunde, dass das Kind im Zeitpunkt der Entscheidung seinen gewöhnlichen Aufenthalt im Gerichtsstaat gehabt habe, so richtet sich die Anerkennung nach den Artikeln 21 ff. Brüssel IIa-VO: Es hat das zuständige Gericht entschieden. Die zugrunde gelegte Zuständigkeit darf nicht nachgeprüft werden (Art. 24 Brüssel IIa-VO)[264]. Fehlt es in der Entscheidung an einer Bezugnahme auf einen der Zuständigkeitsgründe der Art. 8 ff. Brüssel IIa-VO, hat z.B. das Gericht seine Entscheidung nur auf die Vorschriften seines nationalen Rechts gestützt, so kann eine Anerkennungsverpflichtung nicht aus den Artikeln 21–27 Brüssel IIa-VO hergeleitet werden. Die Entscheidung kann auch nicht nach Art. 28 Brüssel IIa-VO für vollstreckbar erklärt werden[265]. Das bedeutet aber nicht, dass die Entscheidung in keinem Fall anzuerkennen ist. Eine Anerkennungspflicht kann sich nämlich auch aus gegenüber der Brüssel IIa-VO nachrangigen völkerrechtlichen Übereinkommen ergeben, namentlich aus dem KSÜ oder dem Europäischen Sorgerechtsübereinkommen, allerdings nur, wenn deren Voraussetzungen gegeben sind, sowie aus den §§ 108 ff. FamFG[266].

313 Von der **Vollstreckbarkeit** von Entscheidungen über die elterliche Verantwortung handelt Art. 28 Brüssel IIa-VO. Danach werden die in einem Mitgliedstaat ergangenen Entscheidungen über die elterliche Verantwortung für ein Kind, die in diesem Mitgliedstaat vollstreckbar sind und die zugestellt worden sind, in jedem anderen Mitgliedstaat vollstreckt, wenn sie dort auf Antrag einer Partei für vollstreckbar erklärt wurden. Von Bedeutung ist diese Vorschrift für Entscheidungen zum Umgangsrecht und zur Herausgabe des Kindes. Hier werden also Entscheidungen aus einem Mitgliedstaat inländischen Entscheidungen gleichgesetzt, sobald sie auf Antrag einer Partei (des umgangsberechtigten Elternteils oder des Elternteils, der die Herausgabe/Rückführung des Kindes begeht) für vollstreckbar erklärt worden sind[267]. Ergänzend sind hier die Art. 40 ff. Brüssel IIa-VO zu berücksichtigen. Danach bedarf es bei Entscheidungen zum **Umgangsrecht** keiner Vollstreckbarerklärung, wenn der Ursprungsmitgliedstaat

---
264 BGH FamRZ 2011. 542; 2015, 1011, m. Anm. *Hau*.
265 EuGH FamRZ 2010, 1521 (Purrucker I).
266 BGH FamRZ 2011, 542; FamRZ 2016, 799, m. Anm. *Schulz*; OLG München FamRZ 2015, 777, m. Anm. *Dutta*.
267 Vgl. dazu die Entscheidungen des EuGHMR im Fall Neulinger ./. Shuruk gegen die Schweiz (6.7.2010, Nr. 41615/07) sowie in den Fällen Šneersone und Kampanella ./. Italien, FamRZ 2011, 1482, und X. ./. Lettland, FamRZ 2012, 692, jeweils m. Anm. *Henrich*; ferner EuGH FamRZ 2011, 355, m. Anm. *Schulz* (Aguirre Zarraga ./. Pelz).

eine **Bescheinigung über das Umgangsrecht** ausgestellt hat, in welcher festgestellt wird, dass bestimmte Gründe, die zu einer Verweigerung der Anerkennung berechtigten würden, nicht vorliegen (rechtzeitige Zustellung des verfahrenseinleitenden Schriftstücks, rechtliches Gehör aller betroffenen Parteien, Anhörung des Kindes, vgl. Art. 23 Brüssel IIa-VO). Die mit der Bescheinigung nach Art. 41 II Brüssel IIa-VO versehenen Entscheidungen aus einem Mitgliedstaat werden damit so angesehen, wie wenn sie von einem inländischen Gericht erlassen worden wären. Eine Anfechtung ist ausgeschlossen. Dasselbe gilt für Entscheidungen zur **Rückgabe eines entführten oder widerrechtlich zurückgehaltenen Kindes** (Art. 42 Brüssel IIa-VO). Auch sie sind zu vollstrecken, ohne dass es einer Vollstreckbarerklärung bedarf, wenn die Gerichte im Ursprungsmitgliedstaat eine Bescheinigung ausgestellt haben, die mögliche Einwände gegen die Anerkennung entkräftet und insbesondere feststellt, dass die Gründe und Beweismittel berücksichtigt wurden, die gem. Art. 13 HKiEntÜ gegen eine Rückführung des Kindes hätten vorgebracht werden können oder vorgebracht worden sind (Art. 42 IIa Brüssel IIa-VO)[268].

Im Vorfeld der Vollstreckung sieht die Brüssel IIa-VO eine **Zusammenarbeit** zwischen den Behörden der beteiligten Staaten vor. Organe sind die **Zentralen Behörden**, die von jedem Mitgliedstaat eingerichtet werden (Art. 53 Brüssel IIa-VO). Ziel ist ein Informationsaustausch und – falls möglich – die Herbeiführung einer gütlichen Einigung zwischen den Trägern der elterlichen Verantwortung durch Mediation oder auf ähnliche Weise (Art. 55 Brüssel IIa-VO). Zentrale Behörde ist in Deutschland das **Bundesamt für Justiz** (§ 3 IntFamRVG). Das IntFamRVG, genauer: das Gesetz zur Aus- und Durchführung bestimmter Rechtsinstrumente auf dem Gebiet des internationalen Familienrechts v. 26.1.2005, regelt auch die örtliche Zuständigkeit für die Anerkennung und Vollstreckung sowie das Verfahren (§§ 10 ff., 14 f. IntFamRVG)[269]. 314

b) Vertragsstaaten des KSÜ

Geht es nicht um die Anerkennung der Entscheidung in oder aus einem Mitgliedstaat der EU, kann sich eine Verpflichtung zur Anerkennung aus einem völkerrechtlichen Vertrag ergeben. Zu nennen ist hier an erster Stelle das Kinderschutzübereinkommen (KSÜ). Vertragsstaaten des KSÜ, die nicht zugleich Mitgliedstaaten der EU (i.S. der Brüssel IIa-VO) sind, sind z.B. Dänemark, die Schweiz, die Türkei, Marokko, die Ukraine oder Australien. Auch hier gilt der Satz: Entscheidungen werden kraft Gesetzes 315

---
268 Zur Vollstreckung eines Zwangsgelds vgl. EuGH FamRZ 2015, 1866.
269 Zum IntFamRVG vgl. *Schulz*, Das Internationale Familienrechtsverfahrensgesetz, FamRZ 2011, 1273.

grundsätzlich anerkannt. Die Anerkennung kann nur in enumerativ aufgezählten Fällen versagt werden (Art. 23 KSÜ). Die Gründe für eine Versagung der Anerkennung sind im Wesentlichen dieselben wie in der Brüssel IIa-VO, allerdings mit einer wichtigen Ausnahme: Die Anerkennung kann auch versagt werden, wenn die entscheidende Behörde nicht nach den Vorschriften der Art. 5 ff. KSÜ international zuständig war (Art. 23 IIa KSÜ, z.B. weil das Kind im Zeitpunkt der Entscheidung das Land bereits verlassen hatte[270]). Die Behörden des um die Anerkennung ersuchten Staates sind jedoch an die tatsächlichen Feststellungen gebunden, auf welche die ausländische Behörde ihre Zuständigkeit gestützt hat (Art. 25 KSÜ), etwa an die Feststellungen zum gewöhnlichen Aufenthalt des Kindes. Ausgeschlossen ist ebenso wie nach der Brüssel IIa-VO eine Überprüfung der getroffenen Maßnahmen in der Sache selbst (Art. 27 KSÜ). Ist eine Vollstreckung erforderlich, so werden die in dem anderen Vertragsstaat des KSÜ vollstreckbaren Maßnahmen auf Antrag jeder betroffenen Partei für vollstreckbar erklärt (Art. 26 KSÜ) und dann ebenso behandelt wie innerstaatliche Maßnahmen (Art. 28 KSÜ).

c) Vertragsstaaten des Europäischen Sorgerechtsübereinkommens

316   Das Luxemburger Europäische Übereinkommen über die Anerkennung und Vollstreckung von Entscheidungen über das Sorgerecht für Kinder und die Wiederherstellung des Sorgeverhältnisses v. 20.5.1980 (SorgeRÜ) verpflichtet die Vertragsstaaten, Sorgerechtsentscheidungen, die in einem anderen Vertragsstaat ergangen sind, anzuerkennen und, wenn sie im Ursprungsstaat vollstreckbar sind, für vollstreckbar zu erklären (Art. 7 SorgeRÜ). Es wird heute allerdings weitgehend verdrängt durch die Brüssel IIa-VO und das KSÜ. Es gibt aber noch einige Vertragsstaaten des SorgeRÜ, die weder Mitgliedstaat der EU noch Vertragsstaat des KSÜ sind, z.B. Island, Liechtenstein, Mazedonien, die Republik Moldau.

317   Sorgerechtsentscheidungen i.S. des Übereinkommens sind Entscheidungen einer Behörde, soweit sie die Sorge für die Person des Kindes, einschließlich des Aufenthaltsbestimmungsrechts oder des Umgangsrechts betreffen (Art. 1b SorgeRÜ). Wurde also im Rahmen des Scheidungsverfahrens eine solche Sorgerechtsentscheidung getroffen und hält sich (nunmehr) das Kind in einem der genannten Vertragsstaaten auf, so kann derjenige, der die deutsche Entscheidung anerkannt und vollstreckt haben möchte, einen Antrag an die sog. Zentrale Behörde des betreffenden Vertragsstaates richten (Art. 4 I SorgeRÜ). Die Übermittlung des Antrags an die ausländische Zentrale Behörde übernimmt die inländische Zentrale Behörde

---

270 Vgl. *Dutta,* Anm. zu OLG München, FamRZ 2015, 780, 781.

(Art. 3 SorgeRÜ), das ist das Bundesamt für Justiz (§ 3 I Nr. 3 IntFamRVG), Adresse: Bundesamt für Justiz, Zentrale Behörde, D-53094 Bonn. Eine Übersicht über die Zentralen Behörden der anderen Vertragsstaaten findet sich in *Staudinger/Pirrung* (2009) Vorbem. E 14 zu Art. 19 EGBGB. Die Zentrale Behörde des Vertragsstaats trifft oder veranlasst sodann unverzüglich alle Vorkehrungen, die sie für geeignet hält, und leitet erforderlichenfalls ein Verfahren vor den zuständigen Behörden ein, um den Aufenthalt des Kindes ausfindig zu machen, die Anerkennung und Vollstreckung der Entscheidung sicher zu stellen sowie für die Rückgabe des Kindes an den Antragsteller zu sorgen, falls die Vollstreckung der Entscheidung bewilligt wird (Art. 5 I SorgeRÜ).

Art. 8 SorgeRÜ handelt von der Wiederherstellung des Sorgeverhältnisses im Fall eines **unzulässigen Verbringens des Kindes**. Hier konkurriert das SorgeRÜ mit dem Haager Kindesentführungsübereinkommen und wird von diesem in der Regel verdrängt. Nach Art. 37 IntFamRVG sind bei einem Zusammentreffen der beiden Übereinkommen zunächst die Bestimmungen des Kindesentführungsübereinkommens anzuwenden, sofern die antragstellende Person nicht ausdrücklich die Anwendung des SorgeRÜ begeht. 318

d) Haager Kindesentführungsübereinkommen

Bei dem Haager Übereinkommen über die zivilrechtlichen Aspekte internationaler Kindesentführung v. 25.10.1980 (HKiEntÜ) geht es nicht um die Anerkennung ausländischer Entscheidungen. Ziel dieses Übereinkommens ist vielmehr, im Wege der Rechtshilfe die sofortige Rückgabe eines widerrechtlich von einem Vertragsstaat in einen anderen Vertragsstaat verbrachten oder dort zurückgehaltenen Kindes sicherzustellen und darüber hinaus zu gewährleisten, dass das in einem Vertragsstaat bestehende Sorge- und Umgangsrecht in den anderen Vertragsstaaten tatsächlich beachtet wird (Art. 1 HKiEntÜ). 319

Wird also z.B. vor Abschluss eines Scheidungsverfahrens im Inland ein Kind von einem der Ehegatten ohne Zustimmung des anderen in ein anderes Land verbracht („entführt"), so kann sich der Ehegatte des „Entführers" an eine Zentrale Stelle (in Deutschland: das Bundesamt für Justiz, s.o. Rdnr. 317) wenden, um mit deren Unterstützung die Rückgabe des Kindes zu erreichen (Art. 8 HKiEntÜ). Die deutsche Zentrale Stelle übermittelt den Antrag auf Rückführung des Kindes an die Zentrale Stelle des Landes, in welches das Kind verbracht wurde (Art. 9 HKiEntÜ). Diese trifft oder veranlasst alle geeigneten Maßnahmen, um die freiwillige Rückgabe des Kindes zu bewirken (Art. 10 HKiEntÜ). Hat sie damit keinen Erfolg, so hat das zuständige Gericht des Vertragsstaates, in dem sich das Kind 320 nunmehr befindet, die sofortige Rückgabe des Kindes anzuordnen und notfalls zu erzwingen (Art. 12 HKiEntÜ).

321 Voraussetzung für die Anordnung sofortiger Rückgabe ist, dass bei Eingang des Antrags bei dem Gericht seit der Entführung noch kein Jahr verstrichen ist. Geht der Antrag später ein, hat das Gericht zwar ebenfalls die Rückgabe anzuordnen, aber nur, wenn sich das Kind noch nicht in seine neue Umgebung eingelebt hat (Art. 12 II HKiEntÜ).

322 Die für den Entführer wichtigste Vorschrift ist **Art. 13 HKiEntÜ**. Danach ist das Gericht ungeachtet des Art. 12 nicht verpflichtet, die Rückgabe des Kindes anzuordnen, wenn bestimmte Versagungsgründe vorliegen. So kann die Rückgabe abgelehnt werden, wenn nachgewiesen wird, dass der Sorgeberechtigte das Sorgerecht zur Zeit des Verbringens oder Zurückhaltens tatsächlich nicht ausgeübt hat[271], dem Verbringen zugestimmt oder dieses nachträglich – klar, eindeutig und unbedingt[272] – genehmigt hat oder dass die Rückgabe mit der schwerwiegenden Gefahr eines körperlichen oder seelischen Schadens für das Kind verbunden sein oder das Kind auf andere Weise in eine unzumutbare Lage bringen würde. Außerdem kann die Rückgabe abgelehnt werden, wenn sich das Kind der Rückgabe widersetzt und ein Alter und eine Reife erreicht hat, angesichts derer es angebracht erscheint, seine Meinung zu berücksichtigen[273]. Bei den Argumenten, die der Entführer vorbringt, um die Rückgabe zu verhindern, ist stets zu prüfen, ob sie unter Art. 12 oder unter Art. 13 HKiEntÜ zu subsumieren sind. Die Behauptung, das Kind habe sich inzwischen in seine neue Umgebung eingelebt, ist sachlich nur zu prüfen, wenn der Antrag auf Rückführung erst nach Ablauf der Jahresfrist bei Gericht eingegangen ist (Art. 12 II HKiEntÜ). War die Jahresfrist bei Eingang des Antrags noch nicht verstrichen, hat das Gericht – ohne weitere Prüfung einer eventuellen sozialen Integration – die sofortige Rückgabe des Kindes anzuordnen (Art. 12 I HKiEntÜ).

323 Wird dagegen behauptet, dem Kind drohe bei der Rückführung die Gefahr einer schweren seelischen Schädigung, so kann, wenn dies nachgewiesen wird, die Rückführung gem. Art. 13 I (b) HKiEntÜ abgelehnt werden[274]. Es liegt auf der Hand, dass sich die Entführer regelmäßig auf Art. 13 HKiEntÜ berufen werden. Um einen Missbrauch dieser Vorschrift zu verhindern, sind strenge Anforderungen an die Darlegungs- und Beweislast zu stellen. Allgemein gehaltenen Behauptungen des Entführers (und seiner

---

271 OLG Hamm FamRZ 2004, 1513; OLG Stuttgart FamRZ 2012, 238; zur unterschiedlichen Rechtspraxis rechtsvergleichend: *Henrich*, Zum Tatbestand der Kindesentführung, FS Hahne (2012), 87.
272 OLG Düsseldorf FamRZ 2011, 1237.
273 OLG Nürnberg FamRZ 2004, 726.
274 OLG Karlsruhe FamRZ 2015, 1627; OLG Stuttgart FamRZ 2015, 1631.

Angehörigen) ist damit mit Skepsis zu begegnen. Nach dem Sinn des Abkommens soll grundsätzlich der Staat, aus dem das Kind entführt wurde, die endgültige Sachentscheidung treffen. Darum hat ein ersuchter Staat im Zweifel stets die Rückführung zu verfügen[275]. Im Geltungsbereich der Brüssel IIa-VO kann darüber hinaus eine die Rückführung ablehnende Entscheidung gemäß Art. 11 Brüssel IIa-VO korrigiert werden.

e) Nationales Recht

Im nationalen Recht findet sich eine Vorschrift zur Anerkennung ausländischer Entscheidungen in Kindschaftssachen in § 108 FamFG. Wegen des Vorrangs der Brüssel IIa-VO und der internationalen Übereinkommen findet § 108 FamFG nur noch Anwendung im Verhältnis zu Staaten, die weder Mitgliedstaat der EU noch Vertragsstaat eines der genannten Übereinkommen sind, also z.B. im Verhältnis zu den USA. Auch § 108 FamFG bestimmt, dass Entscheidungen in Kindschaftssachen anzuerkennen sind, ohne dass es hierfür eines besonderen Verfahrens bedarf. Die Anerkennung ist nur aus einem der in § 109 FamFG genannten Gründe ausgeschlossen (fehlende internationale Zuständigkeit, kein rechtliches Gehör, Kollision mit vorrangigen Entscheidungen, Verstoß gegen den ordre public). Beteiligte, die ein rechtliches Interesse haben, können eine Entscheidung über die Anerkennung oder Nichtanerkennung der ausländischen Entscheidung beantragen (§ 109 II S. 1 FamFG). Die örtliche Zuständigkeit ergibt sich in einem solchen Fall aus § 109 III FamFG. Die Vollstreckung richtet sich nach § 110 FamFG.

324

f) Abänderung anerkannter Entscheidungen

Wird die Abänderung einer ausländischen Schutzmaßnahme begehrt, so sind folgende Fragen zu beantworten:

325

(1) Ist die ausländische Entscheidung im Inland anzuerkennen? Wenn nein, scheidet eine Abänderung aus. An die Stelle einer Abänderung tritt eine Erstentscheidung, die internationale Zuständigkeit der deutschen Gerichte vorausgesetzt[276].

(2) Ist die ausländische Entscheidung anzuerkennen, ist als nächstes die internationale Zuständigkeit der deutschen Gerichte zu prüfen. Die internationale Zuständigkeit ist grundsätzlich gegeben, wenn das Kind zum

326

---

275 OLG Dresden FamRZ 2002, 1136; OLG Nürnberg FamRZ 2004, 726; *Looschelders*, JR 2006, 49; zur Prüfungspflicht der Gerichte bei Verweigerung der Rückführung vgl. EuGHMR FamRZ 2011, 1482 und FamRZ 2012, 692, jeweils m. Anm. *Henrich*. Ausführlich: *Martiny*, Elterliche Verantwortung und Sorgerecht im ausländischen Recht, insbesondere beim Streit um den Kindesaufenthalt, FamRZ 2012, 1765.
276 Vgl. EuGH FamRZ 2017, 734 (W und V./.X).

Zeitpunkt der Antragstellung seinen gewöhnlichen Aufenthalt in Deutschland hat (Art. 8 Brüssel IIa-VO). Von diesem Grundsatz gelten allerdings einige Ausnahmen:

327 (a) Nach Art. 9 I Brüssel IIa-VO verbleibt die Zuständigkeit für eine Abänderung einer **vor dem rechtmäßigen Umzug des Kindes** aus einem Mitgliedstaat der EU (mit Ausnahme Dänemarks) nach Deutschland ergangenen Entscheidung über das Umgangsrecht während einer Dauer von drei Monaten nach dem Umzug bei den Gerichten des früheren gewöhnlichen Aufenthalts des Kindes, auch wenn das Kind inzwischen einen neuen gewöhnlichen Aufenthalt in Deutschland erworben haben sollte, falls sich der laut der Entscheidung über das Umgangsrecht umgangsberechtigte Elternteil weiterhin gewöhnlich in dem Mitgliedstaat des früheren gewöhnlichen Aufenthalts des Kindes aufhält.

328 Die praktische Bedeutung dieser Vorschrift ist gering; denn im Allgemeinen pflegen die Gerichte für den Erwerb eines neuen gewöhnlichen Aufenthalts eine Zeitdauer des Aufenthalts von ca. sechs Monaten vorauszusetzen. Selbst bei einem rechtmäßigen Umzug wird daher vor Ablauf von drei Monaten nur in seltenen Ausnahmefällen (etwa wenn das Kind vor dem gewöhnlichen Aufenthalt im Ausland seinen gewöhnlichen Aufenthalt im Inland hatte und deswegen keine Zeit benötigt, sich in das soziale Umfeld wieder einzugewöhnen) angenommen werden können, dass das Kind bereits seinen gewöhnlichen Aufenthalt in Deutschland hat.

329 Liegt ein solcher Ausnahmefall vor, so können die deutschen Gerichte trotz fortbestehender Zuständigkeit der ausländischen Gerichte gleichwohl eine Abänderungsentscheidung treffen, wenn der umgangsberechtigte Elternteil die Zuständigkeit der deutschen Gerichte dadurch anerkannt hat, dass er sich an Verfahren vor diesen Gerichten beteiligt, ohne ihre Zuständigkeit anzufechten (Art. 9 II Brüssel IIa-VO).

330 (b) Ist das Kind aus einem Mitgliedstaat der EU (mit Ausnahme Dänemarks) **widerrechtlich nach Deutschland verbracht** worden oder wird es widerrechtlich in Deutschland zurückgehalten, so bleiben die Gerichte des Mitgliedstaates, in dem das Kind unmittelbar vor dem widerrechtlichen Verbringen oder Zurückhalten seinen gewöhnlichen Aufenthalt hatte, nicht nur so lange zuständig, bis das Kind einen neuen gewöhnlichen Aufenthalt in Deutschland erworben hat, sondern auch noch danach, bis entweder

– jede sorgeberechtigte Person (insbesondere also der andere Elternteil), Behörde oder sonstige Stelle dem Verbringen oder Zurückhalten zugestimmt hat oder

– das Kind sich in Deutschland mindestens ein Jahr aufgehalten hat, nachdem die sorgeberechtigte Person, Behörde oder sonstige Stelle seinen Aufenthaltsort kannte oder hätte kennen müssen und

- sich das Kind in seiner neuen Umgebung eingelebt hat und außerdem – innerhalb dieses Zeitraums kein Antrag auf Rückgabe des Kindes gestellt wurde oder ein gestellter Antrag zurückgenommen wurde (Art. 10 Brüssel IIa-VO)[277].

Der Rücknahme eines Antrags steht es gleich, wenn in einem Verfahren im Ausland, in dem der sorge- oder mitsorgeberechtigte Elternteil Anträge zum Sorgerecht hätte stellen können, kein solcher Antrag gestellt wird oder das Gericht eine Sorgerechtsentscheidung erlässt, in der die Rückgabe des Kindes nicht angeordnet wird.

331

(c) Solange das Kind seinen **gewöhnlichen Aufenthalt noch im Ausland** hat (oder die ausländischen Gerichte trotz gewöhnlichen Aufenthalts des Kindes im Inland weiterhin gem. Art. 9 oder Art. 10 Brüssel IIa-VO zuständig sind), können gleichwohl die deutschen Gerichte in dringenden Fällen **einstweilige Maßnahmen** in Bezug auf das Kind anordnen (Art. 20 I Brüssel IIa-VO). Diese Maßnahmen treten außer Kraft, wenn das für die Entscheidung in der Hauptsache zuständige ausländische Gericht seinerseits entsprechende Maßnahmen trifft (Art. 20 II Brüssel IIa-VO).

332

(d) Hat das Kind seinen gewöhnlichen Aufenthalt noch in einem Vertragsstaat des KSÜ, so können die deutschen Gerichte ebenfalls tätig werden, wenn ein solches Tätigwerden dringend geboten ist (Art. 11 I KSÜ). Im Übrigen bleibt es bei dem Grundsatz, dass die Zuständigkeit nur gegeben ist, wenn das Kind (nunmehr) seinen gewöhnlichen Aufenthalt im Inland hat.

333

(3) Sind die deutschen Gerichte international zuständig, so kann eine anerkannte ausländische Entscheidung, wenn das Kind seinen gewöhnlichen Aufenthalt in Deutschland hat, unter denselben Voraussetzungen abgeändert werden wie eine deutsche Entscheidung (§ 1696 BGB). Die Anwendbarkeit des deutschen Rechts folgt hier aus Art. 16 KSÜ, wenn sich die Zuständigkeit (auch) aus dem KSÜ ergibt. Ergibt sich die Zuständigkeit nur aus der Brüssel IIa-VO, nicht dagegen aus dem KSÜ (z.B. bei rechtmäßigem Verbringen des Kindes in einen anderen Vertragsstaat: keine perpetuatio fori!), ist Art. 16 KSÜ nicht anwendbar. Hier ergibt sich die Anwendbarkeit deutschen Rechts aus Art. 21 EGBGB (s.o. Rdnr. 305).

334

---

277 Dazu: *Looschelders*, JR 2006, 50.

Stichwortverzeichnis

(Die Zahlen verweisen auf Randziffern.)

A
Abänderung ausländischer Sorgerechtsentscheidungen 325
- Abänderung 327, 334
- Eilmaßnahmen 332
- Zuständigkeit der deutschen Gerichte 326 ff.
Abänderung ausländischer Unterhaltsentscheidungen 208 ff.
- Abänderungsklage 106
- anwendbares Recht 210 ff.
- Maßstab 213
- Zulässigkeit der Abänderung 209
Ancillary relief 119
Anerkennung ausländischer Ehescheidungen 28 ff.
- Anerkennung nach EU-Recht 29
- Anerkennungsvoraussetzungen 48 ff.
- Anerkennung von Entscheidungen aus Drittstaaten 30 ff.
- Anerkennungsmonopol der LJV 30 ff.
- Anerkennungsvoraussetzungen 48 ff.
- Privatscheidungen 38 ff., 58 ff.
- Wirkung vor der Anerkennung 35 ff.
Anerkennung ausländischer Unterhaltsentscheidungen 178 ff.
- Anerkennung nach der EuUntVO 178 ff.
- Anerkennung aufgrund völkerrechtlicher Vereinbarungen 185 ff., 189

- Anerkennung nach §§ 108, 109 FamFG 190 ff.
- Haager Übereinkommen v. 1958 187
- Haager Übereinkommen v. 1973 187
- HUntGÜ 187
- LugÜ 186, 188
Anerkennung und Vollstreckung ausländischer Sorgerechtsentscheidungen 307 ff.
- Brüssel IIa-VO 308 ff.
- KSÜ 315
- nationales Recht 324
- Sorgerechtsübereinkommen 316
Anrufung des Gerichts 19, 88
Arbeitsvertrag 259
Ausgleichsansprüche 155, 260 f.
Auskunftsanspruch 146
Ausländische Rechtshängigkeit, s. Rechtshängigkeit im Ausland
Auslandsunterhaltsgesetz 122, 216

B
Brautgabe 156
Brüssel IIa-VO 1 ff., 11 ff., 16 ff., 285 ff., 289, 308 ff.
Bundesamt für Justiz 314, 317, 320

D
Deutsch-iranisches Niederlassungsabkommen 73, 92, 137, 271, 306

E
Ehegattenunterhalt 123 ff.
- anwendbares Recht 123 ff.

- Auskunftsanspruch 146 f.
- einstweilige Anordnung 150
- einstweilige Verfügung 121, 150
- forum shopping 135
- Geschiedenen-Unterhalt 125 f.
- Getrenntlebenden-Unterhalt 125 f.
- Kaskadenanknüpfung 129, 135
- nachehelicher Unterhalt 125
- ordre public 144
- Qualifikationsprobleme 146
- Rechtswahl 130 ff.
  - Ausnahmeklausel 134
  - Inhaltskontrolle 134, 144
  - Verzicht auf Unterhalt 134
  - vorausschauende Rechtswahl 130, 132
  - Wahl der lex fori 130 f.
- Regelanknüpfung 135
  - Ausnahmen 135
- Statutenwechsel 127 f.
- Trennungsunterhalt 138
- Unterhaltsbemessung 138 ff.
  - alimenti 138
  - mantenimento 138
  - vergleichende Länderangaben 140
  - Warenkorbvergleich 141 ff.
- Unterhaltsrichtlinien 139
- Währungs- und Transferprobleme 145
- Wandelbarkeit des Unterhaltsstatuts 127

Ehegüterrecht, s. Güterrechtliche Auseinandersetzung

Ehescheidung 1 ff.
- Anerkennung ausländischer Entscheidungen s. Anerkennung ausländischer Ehescheidungen
- anwendbares Recht 70 ff.
  - Asylberechtigte 9
  - Gastarbeiter 5, 86 f.
  - gemeinsame Staatsangehörigkeit 90
  - gewöhnlicher Aufenthalt der Ehegatten 5, 84 ff.
- islamisches Recht 81 f., 95, 99
- jüdisches Recht 82, 95
- lex fori 91
- Saisonarbeiter 5
- Staatenlose 8 f.
- ausländische Rechtshängigkeit 15 ff.
- ordre public 83
- Rechtswahl 74 ff., 92
- Rechtswahlvereinbarungen 78 ff.
  - Inhaltskontrolle 81, 95
  - notarielle Beurkundung 79
- Rom III-VO 70, 72 ff.
- Rück- und Weiterverweisung 93, 124
- versteckte Rückverweisung 93
- Verfahrensrecht 97 ff.
  - internationale Zuständigkeit 1, 11 ff.
  - Mitwirkung des Staatsanwalts 99
  - Schuldausspruch 100
  - Sühneversuch 99
  - Verbundprinzip 98
  - Vorlage von Vertragsentwürfen 101
- Vorrang des EU-Rechts 1 ff.

Ehewohnung 151

Elterliche Sorge 285 ff.
- Abänderung anerkannter Entscheidungen 310, 325 ff., 334
- anerkannte Zuständigkeit 294
- Anerkennung von Schutzmaßnahmen 307 ff., 315, 316, 324
- anwendbares Recht 305
- Bescheinigung über das Umgangsrecht 313
- Brüssel IIa-VO 289 ff.
- dringliche Maßnahmen 293, 297 ff., 333
- einstweilige Maßnahmen 311, 331 f.
- Entführung 293
- forum conveniens 295
- gewöhnlicher Aufenthalt 285 f., 290 ff.

– Haager KSÜ 285, 287 f., 296 ff., 315
– Haager MSA 287, 302
– internationale Zuständigkeit 285 ff.
– nationales Recht 303, 324
– perpetuatio fori 291, 293, 296, 305, 334
– Rückgabe eines entführten Kindes 313, 319 ff.
– Schutzmaßnahmen 297, 304 f., 311
– Umgangsrecht 291 f., 313
– Verweisung 295
– Vollstreckung 313, 315
– vorläufige Maßnahmen 297 f.
– Vorrang des EU-Rechts 285
Entschädigungsanspruch 155
EuEheVO 1
EuGüVO 217, 224a, 257, 261
EuUntVO 104, 178 ff.
Europäisches Sorgerechtsübereinkommen 316 ff.

G
Genugtuungsanspruch 156
Gesellschaftsvertrag 259
Gewaltschutzmaßnahmen 154
Gewöhnlicher Aufenthalt 86
Güterrechtliche Auseinandersetzung 217 ff.
– Anknüpfung kraft Gesetzes 217 ff.
– ausländische Grundstücke 235 f.
– Doppelstaater 219
– Ehewirkungsstatut 217
– engste Verbindung 224
– EuGüVO 217, 224a, 257
– gemeinsamer gewöhnlicher Aufenthalt 221 ff.
– gemeinsame Staatsangehörigkeit 219 f.
– internationale Zuständigkeit 257
– intertemporale Regelung 237 ff.
– Rechtswahl 225 ff.
– Rück- und Weiterverweisung 232 ff.

H
Haager Kindesentführungsübereinkommen, s. Kindesentführungsübereinkommen
Haager Kinderschutzübereinkommen, s. Elterliche Sorge
Haager Protokoll 123 ff., 158 ff.
– zeitlicher Anwendungsbereich 123
Haager Übereinkommen über das auf Unterhaltspflichten anwendbare Recht 123 f., 129, 136, 158 f., 162
Haager Übereinkommen über die Anerkennung und Vollstreckung von Unterhaltsentscheidungen 187
Haager Übereinkommen über die Anerkennung und Vollstreckung von Unterhaltsentscheidungen auf dem Gebiet der Unterhaltspflicht gegenüber Kindern 187
Haager Zustellungsübereinkommen 61, 64 ff.
Haushaltsgegenstände 151 ff.

I
Innengesellschaft 259

K
Kindesentführung 293
Kindesentführungsübereinkommen 319 ff.
Kindesherausgabe 313, 317, 319 ff., 330 f.
– Ablehnung 322
– Vollstreckbarerklärung 313 f.
Kindesschutzübereinkommen s. Elterliche Sorge
Kindesunterhalt 157 ff.
– anwendbares Recht 158 ff.
– internationale Zuständigkeit 157
– Kaufkraftvergleich 172 ff.
– lex fori 159 f.
– Prozessstandschaft 164
– Unterhaltshöhe 166 ff.
– vergleichende Länderangaben 170

– Vertretung des Kindes 163
– Vorfrage 160

L
Lebenspartnerschaft 111
Luganer Übereinkommen 157

M
Minderjährigenschutzübereinkommen s. Elterliche Sorge
Mitarbeit im Beruf oder Geschäft 260
Mitgliedstaat 14
Mitteilung des verfahrenseinleitenden Schriftstücks 53
Morgengabe 156

N
New Yorker Übereinkommen über die Geltendmachung von Unterhaltsansprüchen im Ausland 122, 214

O
Ordre public 57, 83, 96, 134, 144, 202, 206

P
Privatscheidungen 38 ff., 49, 58 ff.
Prestation compensatoire 119, 155 f.

R
Rechtshängigkeit im Ausland 15 ff., 117 ff.
– Anerkennungsprognose 25
– Eintritt 19
– europäische Rechtshängigkeit 20
– Rechtshängigkeitssperre 17, 26
Rechtswahl 130 ff.
Rom III-VO 70 ff.

S
Schadensersatzanspruch 155 f.
Scheidebrief 38, 43, 82
Schlichter Aufenthalt 6
Schmerzensgeld 156

T
talaq s. Verstoßung

U
Umgangsrecht 291
Unterhaltsansprüche 103 ff.
– Geltendmachung im Ausland 214
– Geltendmachung im Scheidungsverfahren 109
– Lebenspartnerschaft 111
– Verjährung 103
– Verzicht 134
Unterhaltssachen 104 ff.
– anwendbares Recht 123
– AUG 106, 110 f., 122, 206
– Auskunftsanspruch 146
– ausländische Rechtshängigkeit 117 ff.
– einstweilige Verfügung 121
– EuGVVO 104, 157
– EuUntVO 104 ff., 157
– forum shopping 123, 136
– Gerichtsstandsvereinbarung 112, 114 f., 133
– Haager Protokoll 123, 136
– internationale Zuständigkeit 104 ff.
– LugÜ 104 f., 108, 114 f., 157
– nationale Zuständigkeitsvorschriften 116
– New Yorker UN-Übereinkommen 122
– Notzuständigkeit 113, 116
– örtliche Zuständigkeit 106
– Rechtswahl 130 ff.
– Regelanknüpfung 124 ff.
– rügelose Einlassung 113
– Statutenwechsel 127 f.
– Unterhaltsbemessung 138 ff.
– Verbundzuständigkeit 112
– vergleichende Länderangaben 140
– Warenkorbvergleich 141
– Währungs- und Transferprobleme 145

Stichwortverzeichnis 133

- s. auch Ehegattenunterhalt, Kindesunterhalt, Anerkennung, Abänderung und Vollstreckung ausländischer Unterhaltsentscheidungen, ordre public

V

Versorgungsausgleich 263 ff.
- ausländische Anwartschaften 271 f., 280
- Ausschluss 284
- Durchführung des Versorgungsausgleichs von Amts wegen 263 ff.
- Durchführung auf Antrag 271 ff.
- Härteklausel 283
- internationale Zuständigkeit 279
- „Kenntnis" des Versorgungsausgleichs 263
- nachträgliche Durchführung 275 ff.
- Regelung in Art. 17 Abs. 3 EGBGB 263

- pension sharing order 269
- Scheidung im Ausland 275 ff.
- Volksrente 269
- Vorsorgeausgleich (Schweiz) 269

Verfahrenseinleitendes Schriftstück 53
Verfahrenskostenvorschuss 148 ff.
Verstoßung 38, 40, 43, 82
Vollstreckung ausländischer Unterhaltsentscheidungen 206 f.
- EuUntVO und Haager Prot 206
- Haager Übereinkommen 187
- nationale Vorschriften 207

W

Wohnungszuweisung 151 ff.

Z

Zentrale Behörden 314, 317
Zustellung durch Einschreiben mit Rückschein 65
Zustellung im Ausland 61 ff.
Zustellungsmangel 54, 67

Ausgewählte Titel aus der Reihe FamRZ-Bücher

Herausgeber:
Eva Becker
Prof. Dr. Dr. h.c. Peter Gottwald
Dr. Meo-Micaela Hahne
Prof. Dr. Dr. h.c. mult. Dieter Henrich
Prof. Dr. Dr. h.c. Dieter Schwab
Prof. Dr. Thomas Wagenitz

FamRZ-Buch 4
Prozesskosten- und Verfahrenskostenhilfe
Prof. Dr. Walter Zimmermann
5. Aufl. 2016; XXVIII u. 444 S.,
brosch. € [D] 59,-
ISBN 978-3-7694-1162-1

FamRZ-Buch 3
Betreuungsrecht für die Praxis
Dr. Wiebke Maria Dettmers / Wolf Moritz Weis
(Aug.) 2017;
XXIV u. 310 S.,
brosch. € [D] 49,-
ISBN 978-3-7694-1180-5
Neu!

FamRZ-Buch 28
Vollstreckung in Familiensachen
Dr. Michael Cirullies
2. Aufl. (Juni) 2017;
XXXVIII u. 426 S.,
brosch. € [D] 59,-
ISBN 978-3-7694-1177-5
Neu!

FamRZ-Buch 10
Internationales Scheidungsrecht
Prof. Dr. Dr. h.c. mult. Dieter Henrich
4. Aufl. (Aug.) 2017;
XV u. 133 S.,
brosch. € [D] 44,-
ISBN 978-3-7694-1182-9
Neu!

FamRZ-Buch 31
Kosten in Familiensachen
Renate Baronin von König / Hans Helmut Bischof
2. Aufl. 2015; XXXII u. 391 S.,
brosch. € [D] 54,-
ISBN 978-3-7694-1070-9

FamRZ-Buch 14
Die Nachlasspflegschaft
Prof. Dr. Dr. h.c Walter Zimmermann
4. Aufl. (März) 2017;
XXXIV u. 612 S.,
brosch. € [D] 68,-
ISBN 978-3-7694-1175-1
Neu!

FamRZ-Buch 34
Der Zugewinnausgleich
Dr. Max Braeuer
2. Aufl. 2015; XXXII u. 392 S.,
brosch. € [D] 54,-
ISBN 978-3-7694-1152-2

FamRZ-Buch 21
Elternunterhalt: Grundlagen und Strategien
Jörn Hauß
5. Aufl. 2015; XXVIII u. 461 S.,
brosch. € [D] 49,-
ISBN 978-3-7694-1136-2

FamRZ-Buch 35
Strategien bei der Teilungsversteigerung des Familienheims
Dr. Walter Kogel
3. Aufl. 2016; XXVI u. 374 S.,
brosch. € [D] 59,-
ISBN 978-3-7694-1159-1

FamRZ-Buch 23
Adoptionsrecht in der Praxis
Dr. Gabriele Müller / Prof. Dr. Robert Sieghörtner / Nicole Emmerling de Oliveira
3. Aufl. 2016; XXVI u. 226 S.,
brosch. mit Textmuster-Download
€ [D] 49,-
ISBN 978-3-7694-1158-4

FamRZ-Buch 36
Betreuung und Erbrecht
Prof. Dr. Dr. h.c Walter Zimmermann
2. Aufl. (April) 2017;
XXIII u. 276 S.,
brosch. € [D] 49,-
ISBN 978-3-7694-1176-8
Neu!

FamRZ-Buch 24
Praxis des Unterhaltsrechts
Helmut Borth
3. Aufl. 2016;
XLVII u. 688 S.,
brosch. € [D] 79,-
ISBN 978-3-7694-1166-9

FamRZ-Buch 42
Sozialrecht für die familienrechtliche Praxis
Heinrich Schürmann
2016;
XXVII u. 452 S., brosch. € [D] 59,-
ISBN 978-3-7694-1165-2

FamRZ-Buch 27
Steuerrecht für die familienrechtliche Praxis
Ralf Engels
3. Aufl. (Aug.) 2017;
XXXI u. 424 S.,
brosch. € [D] 59,-
ISBN 978-3-7694-1181-2
Neu!

FamRZ-Buch 43
Die vorweggenommene Erbfolge
Dr. Tobias Kappler / Dr. Susanne Kappler
(April) 2017;
XXXII u. 368 S., brosch. € [D] 59,-
ISBN 978-3-7694-1174-4
Neu!

Gieseking Verlag · Postfach 130120 · 33544 Bielefeld · kontakt@gieseking-verlag.de · www.gieseking-verlag.de

GIESEKING